D1705550

Laurens De Keyzer
Michiel Hendryckx, Fotos

FREILICHTMUSEUM BOKRIJK

Ludion

Wer je das Freilichtmuseum der Provinzialdomäne Bokrijk besucht hat, wird mit mir der Meinung sein, dass wir die Langsamkeit erst wieder neu entdecken müssen. Es hat eine Zeit gegeben – und das ist gar nicht so lange her –, in der das »Eile mit Weile« die eigentliche Logik war. Man brauchte gar keine Worte darüber zu verlieren, denn alles geschah damals noch nach dem Biorhythmus von Mensch und Natur, oder anders gesagt: nicht zu rasch, nicht immer gleichzeitig, nicht unter Stress.

In den Jahren, die vor uns liegen, wird die Wiederentdeckung der Langsamkeit eine Richtschnur unserer Politik sein. Und dabei kann und wird uns Bokrijk helfen. Denn nur an wenigen öffentlich zugänglichen Orten in Flandern können wir den erträumten Inhalt dieses Begriffs so frappant visualisieren und vergegenständlichen wie in Bokrijk.

Ich möchte das an dieser Stelle nicht weiter konkretisieren. Solches muss vor Ort geschehen. Allerdings hoffe ich, dass der neue Führer – unter anderem auch in seiner Bezugnahme auf das heutige Leben – den Besucher dazu anregen wird, einmal hinter sich zu schauen und das Wagnis auf sich zu nehmen, aus der Vergangenheit zu lernen. Denn gleich ob man Bokrijk nur als ländliche Impression erfährt oder dort möglichst viel an geschichtlicher Information aufnehmen will: Das Museum soll sämtlichen Besuchern einen totalen Erlebniswert bieten. Dieser Führer kann Sie dabei ein gutes Stück Wegs begleiten, von der reinen Impression bis hin zur lehrreichen Information.

Zum Schluss möchte ich mich sehr herzlich bei der Konservatorin sowie all ihren Mitarbeitern bedanken, die in ebenso leidenschaftlicher wie effizienter Weise mit den Autoren und dem Verlag zusammengearbeitet und so diesen Reiseführer ermöglicht haben. Bokrijk selbst wünsche ich ein glanzvolles 21. Jahrhundert, und allen Besuchern die wohlverdiente Entdeckung der Langsamkeit.

Sylvain Sleypen
Abgeordnete der Provinz Limburg

War meine Wohnung auch nicht groß,
sie diente mir doch in der Not.

Es gibt sie noch, die Menschen in Bokrijk. Es gibt sie noch in den Häusern, den Scheunen, der winzigen Dorfschule, den kleinen Kirchen, den Mühlen. Ein wenig Phantasie genügt, um zu sehen, wie sich die Karren mit dem Dung für die Felder in Bewegung setzen, und die Gebete, die Geräusche der Tiere, ja sogar die Stille zu hören, ehe der Hahn kräht. In allen Häusern und Scheunen und selbst im Wald erzählen die Menschen von damals den Besuchern von heute ihre Geschichte. Die Geschichte eines Existenzkampfes. Eine Geschichte, in der jede Stunde des Tages zur Arbeit genutzt wurde und zum Gebet, arbeiten zu dürfen, denn Arbeit sicherte das Überleben.

Unsere Sinne finden sich in Bokrijk fast von allein zurecht. Sie helfen uns, das dortige Leben zu rekonstruieren. Zwar riecht es nicht mehr nach dem ungewaschenen Bauern und seiner Bäuerin, und auch der scharfe Geruch des Ochsenbluts, mit denen sie ihre Häuser und Türen bemalten, hat sich verflüchtigt. Doch duftet es im Pfarrhaus nach Zigarren, in der Kirche nach Weihrauch, auf dem Hof nach Mist und in den offenen Feuerstellen nach Torf. Die hölzernen Breischüsseln stehen noch da, und aus den Gemälden eines Pieter Bruegel wissen wir, dass Brei und Eintöpfe mit Löffeln und Fingern gegessen wurden. Der Brei ist alle, sein Geschmack dahin. Nicht aber Duft und Geschmack von frisch gebackenem Brot, von Blutwurst, Speck und Eiern. Nicht die Ausdünstun-

gen von Eseln und Schafen oder manchmal der Wohlgeruch eines Baumes, der in der Sägegrube zerteilt wird. Auch Geräusche haben sich erhalten: Glockengeläut, Mühlengeklapper, Pferdehufe auf dem Kopfsteinpflaster.

Alles Weitere ist Einfühlungsvermögen, hervorgerufen durch Anschauung und Phantasie.

Bokrijk ist eher ein Lebensumfeld als ein Museum toter Architektur. Wer es mit Bewusstheit, Sinnen und Phantasie durchwandert, dem erschließt sich Bokrijk wie eine Zeitreise in unser aller Leben, Arbeiten und Sterben. In Bokrijk klingen nicht nur alte Sprichwörter und Redewendungen nach, nicht nur die Geschichten der Alten oder schlichtweg die Nostalgie der guten alten Zeit, sondern Bokrijk lebt durch die Menschen von damals im Denken und Funktionieren der Menschen von heute fort. Wer das nicht spürt, hat seine eigenen Eltern und gewissermaßen seine eigenen Gene vergessen.

In Flandern gibt es einen unausrottbaren Gemeinplatz, so ungefähr alles Altmodische oder Altertümelnde als *Bokrijker Zustände* abzutun. Doch der aufmerksame Besucher wird rasch entdecken, dass Bokrijk selbst alles andere als ein solches Klischee ist. Geboren aus einer idealisierenden Suche nach urwüchsiger flämischer Identität, hat sich Bokrijk zu dem einzigen »Dorf« in Flandern fortentwickelt, das sechshundert Jahre des Lebens und Arbeitens räumlich wie zeitlich zu einem Spiegel unserer

Korbflechterin im Wohnhaus *Zelse Schrans* aus Herenthout

selbst zusammenfasst, in den zu schauen manchmal angenehm und manchmal traurig ist – bisweilen genau so, als würden wir uns selbst in einem Spiegel betrachten. Bokrijk zu besuchen heißt auf wohltuende Weise in ein Leben einzutauchen, das nur einen Atemzug von uns entfernt liegt und dem wir noch in unendlich vielerlei Hinsicht tributpflichtig sind.

Dieses Buch will und kann Sie nur bruchstückhaft in Wort und Bild durch das Freilichtmuseum begleiten.

Der beste Führer ist immer noch, sich die Domäne Bokrijk selbst zu erwandern.

Im Volksmund wird Bokrijk mitunter noch mit der Bande der Bockreiter *(Bokkenrijders)* in Verbindung gebracht, die im 18. Jahrhundert die Provinz Limburg unsicher machte. Der Name der Domäne hat damit jedoch nichts zu tun. Bereits im Mittelalter ist die Rede von *Buscurake,* einer Bezeichnung für einen mit Buchen *(bouck, bock)* bepflanzten Streifen Land *(raek, rack).*

Im Jahr 1252 verkaufte Graf Arnold IV. die Domäne an die mächtige und einflussreiche Zisterzienserabtei von Herckenrode in Kuringen bei Hasselt, die ihrerseits die Ländereien verpachtete und urbar machte. Das blieb so bis 1797. Infolge der Französischen Revolution verlor die Abtei ihre Besitztümer und Bokrijk unterlag nicht länger dem Einfluss der Kirche. In der zweiten Hälfte des 19. Jahrhunderts ließ eine Aristokratenfamilie dort ein Schloss errichten sowie einen von Wegen und Alleen durchzogenen Park mit exotischen Baumsorten anlegen – und diesen Anblick bietet die Domäne bis auf den heutigen Tag, ausgenommen das 1953 gegründete Freilichtmuseum mitsamt allem, was zum Betrieb eines modernen Erholungsgebiets gehört, das heißt Parkplätzen, einigen freundlichen Restaurants für jeden Geldbeutel *(Het Dennenhof, Het Koetshuis, Het Kasteel),* Büros für die Verwaltung und die Polizei der Domäne sowie mittlerweile einem neuen Eingangsgebäude auf der Seite des Schlosses.

Seit 1938 untersteht Bokrijk der Verwaltung der belgischen Provinz Limburg.

Bokrijk ist weder das einzige noch das erste Freilichtmuseum seiner Art. Um 1890 wurden derartige Museen in Schweden (bei Stockholm) und Norwegen (bei Oslo und Lillehammer) angelegt, später auch in den Niederlanden (Arnhem), Dänemark (Odense) und Deutschland (Cloppenburg). Die Beweggründe waren überall dieselben: Man wollte die Geschichte der Vorfahren in Architektur und Gegenständen des täglichen Lebens erhalten und vermitteln. Die jeweilige Ausgestaltung zeigt jedoch Unterschiede. Bokrijk ist mehr oder weniger mit Odense und Cloppenburg vergleichbar. Anstatt Bauernhöfe und andere Gebäude zusammenhanglos in einem Park zu verstreuen, entschied man sich in weiten Teilen des Museums für eine Rekonstruktion eines kompletten Lebensmilieus. Der Besucher sieht sich also nicht einzelnen, beliebigen Elementen gegenüber, sondern betritt die Lebens- und Arbeitssphäre einer ganzen Gemeinschaft, zu der auch einige alte Haustierrassen gehören.

Das Kempener Dorf ist in dieser Hinsicht exemplarisch. Es ist um einen dreieckigen Dorfplatz herum aufgebaut (auf dem man in alten Tagen die Schafe des Dorfes während der Nacht in Sicherheit brachte) und enthält auch sonst möglichst viele Komponenten des Gemeinschaftslebens: vom Schweinestall bis zur Schmiede, vom Backhaus bis zum Schandpfahl, vom Bauerngehöft bis zur Ölmühle. Das Dorf ist nicht »echt«, das heißt: Hier wurde keine existierende Ansiedlung Haus für Haus kopiert. Das Dorf selbst ist also in gewissem Sinne fiktiv. Die Häuser jedoch sind sehr wohl »echt«. Nahezu jedes Gebäude in Bokrijk wurde anderenorts abgetragen und hier wieder aufgebaut.

Dieses weitsichtige und beeindruckende Projekt ist größtenteils das Werk von Jozef Weyns (1913–1974) gewesen, dem ersten und schon zu Lebzeiten legendären Konservator des Freilichtmuseums in Bokrijk. Auf entsprechende Hinweise von Informanten hin begab sich Weyns überall in Flandern auf Erkundung, untersuchte interessante, dem Verfall anheim gegebene Gebäude, ließ sie fachgerecht demontieren und in Bokrijk wieder aufbauen. In weniger als zwanzig Jahren wurden so um die hundert Bauten aus dem ländlichen Flandern vor dem sicheren Tod gerettet, häufig durch Schenkungen und mit Unterstützung vielfältiger Vereine. Der Kunstmaler Charles Wellens (1888–1958) steuerte seinen Teil zu der Sache bei, besonders durch seine unzähligen dokumentarischen Skizzen und Gemälde von Kempener Bauernhöfen.

Auch der Konservator Mark Laenen realisierte eine Reihe interessanter Rekonstruktionen und machte das Museum zugleich durch Workshops, Kurse und Ausstellungen zu einer Lehr- und Dienstleistungsinstitution. Außerdem schenkte er dem früheren Kontext der Häuser mehr Aufmerksamkeit. Übrigens hat man die Gehöfte soweit möglich mit der Flora ihrer ursprünglichen Heimat umgeben.

Und heute liegt die Betonung auf dem Leben selbst. Gebäude werden ergänzt mit Daten über ihre früheren Bewohner und darüber, wie diese Menschen gewohnt haben. Die Kreativität und der Unternehmensgeist unserer Vorfahren treten in den Vordergrund, ebenso ihr sozialökonomischer Kontext. Gegenwärtig will man

Grenzstein aus Zepperen

Jozef Weyns gliederte sein Lebenswerk in drei Abteilungen, die jeweils einer flämischen Kulturlandschaft entsprechen. In der »armen Heidelandschaft« sammelte er Gebäude aus den Antwerpener und Limburger Kempen, in der »fruchtbaren Hügellandschaft« wandern wir durch das Maasland, den limburgischen Haspengau und Brabant, und im »fruchtbaren Tiefland« durch Ost- und insbesondere Westflandern.

In diesem Führer arbeiten wir mit derselben Einteilung und, genau wie vor Ort, mit Nummern und Farben. Gelb steht für die Antwerpener und die Limburger Kempen. Der limburgische Haspengau, das Maasland und Brabant sind grün gekennzeichnet, Ost- und Westflandern mit Rot. Teile eines Gehöfts (wie Wohnhaus, Scheune, Backhaus), die ursprünglich von unterschiedlichen Bauernhöfen stammen, erhalten eine entsprechend abgeleitete Nummer (z.B. 2.1, 2.2, usw.).

Wer seine Wanderung am Haupteingang beginnt, befindet sich sofort im grünen Teil. Wer über den Schlosseingang hereinkommt, landet in den Kempen und damit in Gelb. In diesem Führer bewegen wir uns von Gelb nach Grün nach Rot. Die Fotos bilden dabei natürlich einen Wegweiser eigener Art, doch finden Sie im Zweifelsfall vor Ort am Haus oder sonstigen Gebäude ein farbiges Schild mit Nummer und können das entsprechende Objekt dann leicht anhand der Nummern und Farben im Buch auffinden.

Gut zu wissen: Der Führer zeichnet keine genau zu befolgende Strecke vor, sondern der Besucher kann gehen und stehen, wo er will. So kann es sein, dass Sie in den Kempen zuerst die windbetriebene Kornmühle besuchen (= gelb, Nr. 3) und dann links abbiegen, um ein Einhaus aus Houthalen zu bewundern (= gelb, Nr. 23.1). Wer lieber die einzelnen Farben in der Reihenfolge der Nummerierung abschreiten möchte, sollte den Geländeplan zu Hilfe nehmen. Entsprechend ist aus Gründen der Übersichtlichkeit auch der Führer angelegt.

Geschichte und Tradition vor allem nach ihrer Bedeutung für das Leben der Menschen von heute befragen, will Gebäude und Gegenstände, Trends und Phänomene von heute aus der Vergangenheit her erklären helfen. Es geht also um das Wiedererkennen, ausgehend von den Geschichten von einst.

Auf dem Plan des Freilichtmuseums bemerken Sie auch einen braun markierten Winkel: die »Alte Stadt«. Diese enthält siebzehn seinerzeit sehr heruntergekommene Stadtwohnungen aus Antwerpen, datierend vom Ende des 14. Jahrhunderts bis zum 16. Jahrhundert. An diesem Projekt wurde von 1972 bis 1989 gebaut, aber nach einer Investition von gut 450 Millionen belgischen Francs (etwa 1.125.000 Euro) wurden die Bautätigkeiten eingestellt. Das Resultat ist eine Fassade, denn hinter den »alten« Giebeln verbergen sich moderne Baukonstruktionen und auch verschiedene Ausstellungsräume, so dass das städtische Wohn- und Lebensklima von damals auf keinerlei Weise vergegenständlicht wird. Die »Stadt« wirkt vielmehr wie die Fata Morgana eines Niemandslandes. Auf bauliche und sonstige Details wird in diesem Führer nicht eingegangen. Das Projekt ist in einem solchen Ausmaß unfertig und angreifbar, dass es hier keiner näheren Aufmerksamkeit bedarf. Dennoch wagen wir es, Ihnen einen kurzen Blick in die Alte Stadt nahe zu legen. Immerhin erwartet Sie ein recht halluzinatorischer Sinneseindruck, als habe hier ein Krieg mit chemischen Kampfstoffen stattgefunden und lediglich die Mauern stehen lassen. Als Filmkulisse sehr geeignet.

Torgebäude aus Heers

Kellerhütte aus Koersel

Einst reiste Victor Hugo durch die Kempen. Er schrieb im Jahr 1837: »*Von Lier nach Turnhout ändert sich das Gesicht der Landschaft; es ist nicht länger das fette, grüne Flandern; es ist eine Sandbank, ein mit Asche bedeckter schwieriger Weg; kümmerliches Gras, Tannenwälder, Gebüsch und Eichenfeuerholz, Heideflächen, hier und dort ein Fenn; wildes, strenges Land (...)*«

Über Jahrhunderte hinweg haben die Kempener Bauern kaum ihr Auskommen gehabt. Überleben auf einem mit Heidekraut bewachsenen Sandboden ist nun einmal weniger selbstverständlich als gemeinhin auf reichem Polderboden. Somit war das Wohnen in den Kempen – der sandigen Gegend im nordöstlichen Teil Flanderns – über Hunderte von Jahren von großer Genügsamkeit geprägt und wesentlich auf eine optimale Ausnutzung von Raum, Techniken und Material ausgerichtet. Mit einfachem Lehm und dem Holz von Eiche und Ulme schufen die Bauern wahre Wunder der Stabilität. Zuerst bauten sie ein Skelett aus Holzbalken. Für die Wände brachten sie eine Armierung aus Stöcken und Latten an und dichteten die offenen Gefache (daher der Begriff »Fachwerk«) mit einem Flechtwerk aus Zweigen ab, das mit einem Brei aus Lehmerde, gemischt mit Strohhäcksel, Kälberhaar, Pferdeurin, häufig auch mit Mist, verputzt wurde. Eine ebenso simple wie effiziente Methode. Mit Backsteinen ließ sich zwar stabiler bauen, aber das konnten sich nur die reicheren Bauern leisten.

Was den Wohlstand angeht, so fällt rasch auf, wie groß manche Bauernhöfe sind. Doch oft ist das sozusagen ein optischer Trugschluss. In den sogenannten Einhäusern und in den mehrgliedrigen Bauernhäusern mit Wohnstallhaus (das Wort selbst sagt es schon) lebte nicht nur die Familie und die halbe Verwandtschaft des Bauern, sondern waren auch die Tiere untergebracht. Nicht direkt um den Küchentisch, aber doch so, dass die Rinder direkt aus der Küche gefüttert werden konnten und die Kühe häufig ihre Köpfe ins Wohnzimmer steckten, während sie zur anderen Seite hin Mist produzierten. Hühner und Schweine übrigens gingen im Bauernhaus ein und aus. Sie waren gewissermaßen Bestandteil der Familie, und Mensch und Vieh atmeten dieselbe Luft. Erst 1852 wurde ein Verbot erlassen, innerhalb der Wohnbehausungen noch Schweine, Kaninchen, Gänse, Enten, Tauben und sonstiges Geflügel zu dulden.

Für unsere modernen und so häufig fehlgeleiteten Nasen wären die damaligen Gerüche innerhalb des Hauses wohl kaum auszuhalten gewesen. Aber für den Bauern von damals konnte zumindest der Mist nicht kräftig genug riechen. Mehr noch: Musste er aus Mangel von woanders welchen dazukaufen, vergewisserte sich der Bauer durch einen Probeschluck von der Jauche, dass er nicht mit allzu verwässertem Mist nach Hause zurückkehrte.

Guter Mist war lebenswichtig, ganz besonders in den Kempen,

deren Heidegrund mit 200 Karren pro Hektar ungefähr dreimal so viel an Dung benötigte wie etwa ein Lehmboden. Während wir heute mit unseren Gülleüberschüssen kaum mehr aus noch ein wissen, wurden damals sämtliche Exkremente gewissenhaft im Tiefstall neben der Küche gesammelt, um damit im geeigneten Moment die armen Äcker wenigstens zu einer gewissen Fruchtbarkeit anzuregen. Der Bauer hielt sein Vieh also vor allem des Dungs wegen. Was die Tiere sonst noch lieferten, tauschte er häufig gegen andere Produkte wie Getreide oder Öl. Von einem Schwein ging nichts verloren. Die Blase konnte zum Abdichten der Fenster dienen, das Fleisch wurde gepökelt, die Schinken im Schornstein geräuchert, die Haut zu schönem Leder gegerbt, die Knochen zu Leim verkocht, der Penis getrocknet und zu Schmiere für Räder und Zahnräder verarbeitet, das Schmalz diente zum braten oder als Brotaufstrich, das Haar zur Herstellung von Bürsten. Selbst die Rückenwirbel wurden nicht weggeworfen, sondern dienten den Kindern als Spielzeug.

Der Bauernhof konnte sich in fast allem selbst versorgen. In einem Umkreis von hundert Metern um das Gehöft fand der Bauer alles, was er brauchte: Lehm, Holz, Stroh, Feldsteine für die Fußböden oder Hausbrunnen, und so weiter. Jeder sorgte auch für seine eigene Energie. Der Müller nutzte Wasser oder Wind, die Bäuerin heizte das Haus mit Holz oder Torf, das Pferd hielt

die Rossmühle in Gang, tagsüber schien die Sonne, abends leuchtete man mit einer Fackel, einer Öllampe oder einer essbaren Fettkerze aus eigener Produktion. Eine für uns armselige Lösung, doch dafür war man damals nicht abhängig von einer Handvoll arabischer Ölstaaten, die einem halben Kontinent den Energiehahn zudrehen kann.

Wir betreten das Museum durch ein Gattertor aus dem frühen 18. Jahrhundert mit Pfeilern in blauem Naturstein 1, einst der Eingang zum *Wit Kasteel* oder »Weißen Schloss« von Kerkom bei Sint-Truiden.

Das erste, dem Sie auf Ihrem Weg begegnen, ist ein sogenanntes Unglückskreuz 2, errichtet zum Andenken an einen gewissen Joannis Motman, der irgendwo in der Umgegend vom Pferd gefallen und auf der Stelle zu Tode gekommen war. Weil der Mann nicht mehr lebend in den Genuss der Sterbesakramente hatte kommen können, empfahl man ihn mittels des Kreuzes der frommen Fürsprache der Vorbeikommenden, um seiner Seele doch noch den Weg in den Himmel zu ebnen. Solches geschah bei derartigen Umständen durchaus öfter. Der Text auf dem Kreuz ist übrigens noch leserlich: HIER IS DOODT GEBLEVEN DEN EERSAMEN JOANNIS MOTMAN DEN 29 MYE 1750. BIDT GODT VOOR SYN ZIEL. (HIER IST AM 29. MAI 1750 DER EHRSAME JOANNIS MOTMAN ZU TODE GEKOMMEN. BETET ZU GOTT FÜR SEINE SEELE.)

Die mächtige Kornmühle 3 aus

Mol-Millegem datiert vermutlich aus dem Jahr 1788, so jedenfalls eine Inschrift auf dem alten Hufeisen. Es muss ein höllisches Stück Arbeit gewesen sein, sie hier wieder aufzubauen, besonders weil man auch die gesamte technische Konstruktion intakt und im Prinzip auch funktionsfähig gelassen hat. Die Mühle ruht auf vier gemauerten Kuben mit Balkenkreuz. Eben weil sie auf einem solchen Podest steht – eher einem Bock, auf dem sich der obere Teil der Mühle dreht – sprechen wir hier von einer Bockwindmühle.

Gern seien dem Leser weitere technische Einzelheiten erspart. Diese setzen nämlich eine dermaßen spezialisierte Fachsprache voraus (vom *Mahlgang* bis zum *Kammrad,* vom *Kronrad* bis zum *Klüver),* dass nur Müller und Völkerkundler daraus klug werden und der durchschnittliche Besucher dabei mehr an Freude einbüßt, als er an Wissen hinzugewinnen kann.

Auch an anderen Stellen in diesem Führer wurde versucht, auf eine allzu spezielle Fachsprache zu verzichten. Die ganz wissbegierigen Leser seien auf die Auswahlbibliographie am Schluss des Buches verwiesen. Allen anderen ist vielleicht eher an einer Führung vor Ort gelegen – eine solche Mühle begreift man schließlich rascher mit den Augen als durch eine technische Beschreibung.

Wie dem auch sei, das Faszinierendste an dieser 35 Tonnen wiegenden Bockwindmühle ist, dass sie sich ganz um die eigene Achse drehen lässt und damit buchstäblich

Kempener Dorfplatz mit Blick auf
das Wohnstallhaus aus Vorselaar

Bockwindmühle aus Mol-Millegem

nach dem Wind gehängt werden kann. Das funktioniert auch noch bei diese Exemplar aus den Antwerpener Kempen, was aber kaum die Mühe lohnt, denn durch ihre geschützte Lage zwischen den Bäumen drehen sich die Flügel der Mühle nicht mehr. Ein wirtschaftliches Detail aus besseren Zeiten: Bei günstigem Wind konnte die Mühle bis zu 700 kg Getreide pro Stunde verarbeiten. Zum Vergleich: Dampfbetriebene Mühlen verarbeiten Tag und Nacht 2.000 kg pro Stunde.

Wer an der Mühle entlang geradeaus weitergeht, landet im Kempener Dorf. Wie schon in der Einleitung erwähnt, ist dieses keine Rekonstruktion einer ehemals existierenden Ansiedlung. Allerdings haben verschiedene Kempener Dorfkerne für den typischen dreieckigen Platz in der Mitte (weshalb gerade ein Dreieck, ist nicht mit Sicherheit bekannt) und die ebenso charakteristische Anordnung der Behausungen und Höfe ringsum Pate gestanden. Auf dem grasbewachsenen Platz (dem *Driesch*) sammelte der gemeinschaftliche Dorfhirte die Tiere zur Nacht. Auch gab es immer ein Wasserloch zum Tränken der Tiere und als Reservoir für den Fall eines Brandes.

»Mit der Tür ins Haus fallen« hat mittlerweile, wie so viele alte Redensarten, eine übertragene Bedeutung angenommen. Doch in dem Wohnstallhaus aus Vorselaar **4.1**, der Rekonstruktion einer Behausung, in der Mensch und Tier den Winter über unter ein und demselben Dach lebten, geschah dies noch buchstäblich. Einen Flur oder Eingangsbereich hielt man in den Kempen lediglich für Platzverschwendung. Den Wohnraum – der zugleich die Küche war – bezeichnete man übrigens als das »Haus«. Doch so wie dieses und so viele andere Häuser sich in Bokrijk präsentieren, hat es vor Jahrhunderten darin wohl selten ausgesehen. Ich meine: Es ist zu sauber darin, zu ordentlich. An den Wänden hängen Dinge, die in normalen Haushalten eher herumliegen, auf dem Boden

liegt kein Stroh, der Kochtopf verrät nicht mehr, wozu er gedient hat, kein Abwaschwasser rinnt mehr durch das Abflussloch in der Wand nach draußen und auch die Schweinsblase – in der man Tabak aufbewahrte oder die man den Kindern als Ball zum Spielen gab – hängt wirklichkeitsfremd an der Wand, als wolle man den Bewohnern von einst eine Lektion in moderner Reinlichkeit erteilen.

Aber so ist es nun einmal. Und es geht wohl auch nicht anders in einer Kulisse, die jährlich von einigen hunderttausend Besuchern durchschritten wird. Dennoch erscheint es angebracht, die Besucher durch diesen Hinweis zu ermuntern, die zwar notwendige, aber deshalb nicht unbedingt realistische Sterilität der Häusereinrichtung mit Hilfe der eigenen Phantasie etwas aufzulockern.

Das Interieur der Vorselaarer Küche – recht außergewöhnlich mit dem eingebauten Backofen – erinnert bewusst ein wenig an die Zeit eines Pieter Bruegel. Auch im Innern des angrenzenden Zimmers werden ausschließlich Objekte (und Kopien) bewahrt oder hinzugefügt, die mit bildlichen oder sonstigen Quellen aus dem 16. Jahrhundert übereinstimmen. Eines der anrührendsten Objekte hier ist eine Wiege, ein großer, flacher Strohkorb, in dem der Säugling von der Wochenpflegerin und später von der Mutter in der Nähe des offenen Feuers versorgt und gefüttert wurde. Damals wusste ein Mensch noch, wo früher seine Wiege stand.

Wohnstallhaus aus Vorselaar

Als Ergänzung zu dem Wohnstallhaus wurde etwas weiter eine kleine Scheune unbekannten Alters aus
Mol-Sluis **4.2** wiederaufgebaut. In
den Antwerpener Kempen wimmelte es früher von derartigen
schmucklosen Bauten, die einen
Lagerraum und eine quer zur Längs-
richtung des Gebäudes angelegte
Dreschdiele beherbergten, auf der
der Bauer mit dem Dreschflegel die

Getreidekörner aus den Ähren
schlug. An die Scheune ist ein
Schuppen angebaut, ein offener,
aber überdachter Unterstellraum
für kleine Fuhrwerke.

Dach deshalb lieber aus Reet, das stärker und auch haltbarer, allerdings weniger gut isolierend ist als Stroh.

Manche Wohnungen in Bokrijk könnte man wirklich als *Dachbauten* bezeichnen: Mehr Dach als Wände. Auch das hatte seinen Grund. Indem man die Dächer so weit wie möglich überstehen ließ, verhinderte man nicht nur, dass das Regenwasser gegen die Außenwände schlug, sondern auch, dass der Wind unter das Dach fassen konnte.

Und so ist Bokrijk, vom bescheidensten Gebrauchsgegenstand bis zum allerhöchsten Dach, insbesondere ein Fest menschlichen Einfallsreichtums. Heute brauchen wir eigentlich nichts mehr zu können. Wir kaufen, was wir benötigen oder auch nicht benötigen, oder wir holen einen Fachmann hinzu. Das war früher anders. Früher erdachten und fabrizierten die Leute selbst, was sie brauchten, sei es nun mit oder ohne die Hilfe eines Handwerkers. Und was sie nicht brauchten, das kam ihnen gar nicht erst in den Sinn. Zum Sinnieren allerdings stand ihnen auch damals schon durchaus einiges an Freizeit zur Verfügung, jeder Sonntag nämlich sowie die kirchlichen Festtage. Und genau wie heute führte das zu Langeweile, was eine ernsthafte Zunahme des Glücksspiels mit sich brachte.

Der Besucher wird mittlerweile bemerkt haben, dass das Dach hier wie auf vielen anderen Gebäuden in Bokrijk aus Stroh oder Reet gefertigt und bemerkenswert steil ist. Flachere Dächer wagte man auf Grund der Einsturzgefahr nicht zu bauen. Außerdem garantierte eine solche Dachschräge zusammen mit der Verwendung von Stroh oder Reet auf ideale Weise den Wasserabfluss. Wer nach einigen Regentagen in Bokrijk die Strohdächer einmal aus der Nähe betrachtet und befühlt, wird feststellen, dass das Wasser allenfalls die oberen Schichten des Strohs durchtränkt hat, es darunter jedoch staubtrocken geblieben ist. Neuerdings hat man berechnet, dass ein Strohdach mit einer Neigung von 60 bis 70 Grad an der Sonnenseite gut und gern 60 bis 80 Jahre hält und an der Nordostseite etwa halb so lang.

Während des Rundgangs werden Sie auch bemerken, dass die Westseite recht vieler Dächer eine geringere Schräge aufweist als die Ostseite. Hier wurde, um es in einem Wort auszudrücken, dem Stromlinienprinzip Rechnung getragen, denn es sollte vermieden werden, dass der gefürchtete Westwind zu sehr auf die Dächer drückte. Nicht schlecht von unseren Vorfahren. Technisch war es übrigens eine wahre Kunst, durch perfektes Flecht- und Bindewerk dafür zu sorgen, dass ein Dach aus letztlich nicht mehr als Weizen- und Roggenhalmen auch den heftigsten Stürmen trotzte. Wer in der Nähe eines Wasserlaufs oder eines größeren Teichs wohnte, baute das

Ein stummer Zeuge der Gerichts-
barkeit vor der Französischen Revolution ist die Schöffenbank **5** auf dem
Dorfplatz der Kempener Niederlas-
sung, eine Kopie des *Groene Vierschaar* (Grünen Tribunals) aus Bevere (Oudenaarde). Die Gerichtsver-
handlung fand im Freien statt, unter
einem Gerichtsbaum. Der Ange-
klagte stand – buchstäblich – vor den
Schranken des Gerichts, das heißt
einer Brüstung oder Balustrade, hinter der nur den Gerichtsdienern der
Zutritt erlaubt war. Gerichtsvorsit-
zender war der Schulze oder Vogt als
politischer Vertreter des Landes-
herrn. Das Urteil wurde von den
Schöffen oder Beigeordneten ver-
kündet, die das Volk repräsentierten
– das mittlerweile bei den belgischen
und französischen Schwurgerich-
ten als Volksjury direkt über Schuld
und Buße mitentscheidet. Bis ins
17. Jahrhundert hinein existierte
übrigens auch schon eine wichtige
Form der Öffentlichkeit, da die
Zuhörer auf der Grundlage des
Gewohnheitsrechts über das
Gewicht von Vergehen und Strafe
mitberaten durften.

Wer Schmied sagt, denkt an
Hufeisen für Pferde. Doch das
Handwerk war unendlich viel
abwechslungsreicher. Der Schmied
produzierte Waffen, schmiedete
Jahreszahlen und Maueranker,
Gartenzäune, Kessel, Bügeleisen,
Leuchter, Diebeisen, gusseiserne
Verzierungen für die Oberlichter
von Türen, Fleischgabeln, Nägel,
Sensen, Spitzhacken und Mistga-
beln, ganz zu schweigen von seinen
Erzeugnissen und Reparaturen für
Stellmacher und Mühlenbauer.
Eigentlich waren die Schmiede also
auch die ersten Karosseriehersteller.
Gewissermaßen als Ehrensalut für
die Pioniere ihres Fachs hat die
Föderation der Antwerpener und
Limburger Karosseriebetriebe des-
halb eine in Fachwerk gebaute
Schmiede aus Neeroeteren **6** voll-
ständig mit entsprechenden Werk-

Schöffenbank, Kopie der *Groene Vierschaar* aus Bevere (Oudenaarde)

Schmiede aus Neeroeteren

Einhaus aus Helchteren

Inneres des Kilbershofs aus Meeuwen

solche Datierung. Im Kaminbalken hat jemand die Jahreszahl 1815 hinterlassen. Die Einteilung des Bauernhauses geschah hier ganz nach Kempener Sitte, alles unter einem Dach: An der Westseite die Scheune mit einem abgezäunten Raum für die Feldfrüchte und die Dreschdiele, danach der Tiefstall – in dem die Rinder untergebracht und der Mist gesammelt wurde – und daneben der Wohnteil mit »Haus« und Stube. An der Nordseite befinden sich eine Vorratskammer und die Schlafzimmer. Der Fußbodenbelag ist typisch für die Limburger Kempen: ein großes, flaches Steinpflaster im Haus und kleine Fliesenimitationen in der Stube.

Besonders interessant in seiner ingeniösen und effizienten Einrichtung ist das »Haus« (die Küche also). So musste die Bäuerin den bleischweren Kuhkessel nicht einmal schieben oder gar heben, sondern konnte ihn sehr praktisch mit Hilfe eines Drehbalkens vom Herd zu den in die Küchenwand eingelassenen Trögen der Tiere drehen. Und um sich das Buttern zu erleichtern, versah man das Butterfass mit einem Seil und einer automatisch gegen die Deckenbalken zurückspringenden Wippe; eine spitzfindige Mechanik, um sich während des monotonen Butterns die Hälfte der Arbeit zu ersparen. Die Bäuerin stampfte dabei den Rahm so lange mit einem Stock, an dessen Ende sich ein Kreuz oder eine durchbohrte Scheibe befand, bis das Milchfett zu guter, harter Butter zusammenklumpte. Dabei musste sie auch

zeugen eingerichtet. Hinter der Esse, die um 1900 gebaut wurde und an der bis 1960 der letzte Schmied stand, befindet sich ein Blasebalg zur Anfachung des Feuers, rechts der Hufstall, in dem die Pferde beschlagen wurden.

Auch der Schafstall des *Betteboshofs* aus dem limburgischen Neerpelt 7 ist nicht genau zu datieren. Zwar gab es eine Sitte, die besser situierten Bauernhöfe und Wohnhäuser mit einer Inschrift zu datieren, etwa in Form von Mauerankern oder einer Gravur in einem Schlussstein oder Dachbalken, doch dass man sich bei Schaf- oder Schweineställen mit so etwas nicht beschäftigte, ist selbstredend.

Das zweischiffige Einhaus aus Helchteren (Limburg) **8.1** trägt eine

Der Kilbershof aus Meeuwen

noch regelmäßig heißes Wasser hinzufügen. Der ganze Butterprozess beinhaltete, kurz gesagt, drei Stunden schwerer Arbeit, und das bis zu drei Mal die Woche.

Bauernhäuser wie dieses sehen von außen recht beeindruckend aus, doch gehörten sie meistens Kleinpächtern mit kaum drei Hektar Land. So ließ sich neben dem Wohn- und Stallteil auf dem Anwesen kaum ein zusätzlicher Komfort entdecken. Dieser beschränkte sich bisweilen auf einen Schweinekoben (hier ein Exemplar mit eingebautem Plumpsklo aus Olmen **8.2**) und/ oder einen Backofen (hier ein freistehender Ofen ohne Knetplatz aus Zonhoven **8.3**) – beides Nebengebäude, die jünger sind als das eigentliche Bauernhaus.

sowie Holzbestandteile und Verun-
reinigungen, schiefe und kurze
Fasern (das Werg) zu entfernen und
die langen Fasern gerade zu ziehen.
Ein schmerzhaftes Instrument,
wenn es für weniger friedliebende
Zwecke verwendet wurde, so dass
auch heute noch niemand gern
sieht, wenn über ihn gehechelt wird.

unsere Vorfahren dafür mit der eigenen Ernte zur Ölmühle gingen.
Raps oder Rübsamen wurde dort
zu Speiseöl, Leinsaat (oder Flachs-
samen) zu Lampenöl oder als Öl
zur Weiterverarbeitung in Farben
gepresst.

In der wasserbetriebenen Ölmühle aus Ellikom **10**, einem gut
erhaltenen und noch perfekt funk-
tionierenden Exemplar aus dem Jahr
1702, wurde der Samen zwischen
vertikalen Walzsteinen zerquetscht,
die über einen liegenden Stein roll-
ten, anschließend in einem schmie-
deeisernen Kessel über einem Feuer
erhitzt und schließlich in Leinen-
säcken zwischen Pressblöcken oder
Presseisen so lange gewalkt und
gepresst, bis der Samen auch sein
letztes Öl hergab.

Es war eine ungemein laute und
staubige Produktionsmethode, auch
wenn sie sehr lieblich am Ufer
begann, wo das Wasser das Rad in
Bewegung versetzte, das Rad
wiederum die Treibachse und so
weiter. Bis zur Erfindung der
Dampfmaschine war Wasser die
bedeutendste und effizienteste
Energiequelle für den Betrieb von
Maschinen. An jedem Wasserlauf,
selbst an Bächen, die nur einige
Monate im Jahr einigen Nutzen
erbringen konnten, standen eine
oder mehrere Mühlen. Die Mühle
aus dem limburgischen Ellikom
trägt im Kronrad die Inschrift:
ANNO 1702 DEN 15 MEI HEEFT
MESTER P.I. DIT GEMACK (ANNO
1702 AM 15. MAI HAT MEISTER P.I.
DIES GEMACHT). Meister P.I. –
Bescheidenheit war damals noch
etwas Selbstverständliches.

Seilerwerkstatt aus Sint-Pieters-Lille

Heute kaufen wir ein Seil im Spe-
zialgeschäft, früher ließ man Seil
beim Seiler anfertigen. Heute wissen die meisten Leute nicht einmal
mehr, wo ein Seil hergestellt wird,
früher brachte der Bauer eine Por-
tion selbst angebauten Hanf zum
Seiler des Dorfes.

Die Seilerei vom Oevelenberg
in Sint-Pieters-Lille **9** wurde nach
gründlicher Restaurierung wie
ursprünglich in einen Teil zum
Hecheln und einen zum Seiledre-
hen aufgegliedert. Beim Hecheln
kämmte der Seiler den Hanf, indem
er ihn durch den Hechelkamm zog:
ein stachliges Brett mit einer großen
Zahl senkrecht eingelassener Zähne,
über die man das Flachs oder den
Hanf zog, um den Bast zu spleißen

In dem anderen Teil der Seilerei
drehten der Meister und sein Seil-
dreher die Seile über ein sogenanntes Geschirr zusammen, ein findiges
System mit Rad und Treibriemen
auf einer Seilerbahn mit dreizehn
Holzkämmen, was für eine Länge
von insgesamt 140 Metern reichte.
Um schließlich ein festes und stabiles Seil zu erhalten, bearbeitete der
Tauschläger das Seil mit einem
gerillten Holzhammer. Woraufhin
zuletzt der Bauer seine faserigen
Hanfbüschel als langes und stabiles
Seil wieder abholte, im Tausch
gegen Geld oder etwas Essbares.

Noch etwas Derartiges. Heute
nehmen wir für unsere Salatsoße ein
Öl vom Lebensmittelhändler oder
aus dem Supermarkt, während

Ölmühle aus Ellikom

Der *Kilbershof* 11 aus Meeuwen (Limburg), einst einer der größten und bekanntesten Höfe der nördlichen Kempen, nahm gegen Ende des 17. Jahrhunderts seinen Ursprung als freistehende Zweizimmerbehausung. Und das ist genauso spannend wie das Anwesen selbst: In der Entwicklung der Architektur wie des Interieurs kann der Besucher hier gewissermaßen zwei Jahrhunderte des Wohnens und Arbeitens nachvollziehen. Um 1775–80 erweiterte man das Wohnhaus um eine Stallung mit Dreschdiele und Kuhstall, von der Küche durch einen Flur getrennt. Der Drehbalken mit dem schweren Kuhkessel (vgl. das System im Helchteren, 8.1) drehte sich dann über den Flur hinweg bis hin zu den Futterluken der Kühe. Die Eingangstür wurde verlegt und der ursprüngliche Eingang an der Südwestseite zugemauert. Im Jahr 1900 wurde die Westseite mit einer neuen Backsteinfassade um anderthalb Meter vergrößert und bauten die Bewohner Alkoven ein. Kurz: Je besser die Landwirtschaft in und um den Kilbershof lief – er besaß 1846 beispielsweise noch 20 Hektar Land –, desto mehr investierten die Bewohner in die Alltagsbequemlichkeit. Zu dem Anwesen gehörten neben einem Wohnstallhaus übrigens noch ein Backhaus mit Schweinekoben sowie eine Scheune, in der unter anderem Torf und Handwagen verstaut wurden, ein Schafstall und eine Dreschdiele.

Der größte Teil des Hausrats ist zusammen mit dem Gehöft nach Bokrijk umgezogen. Dennoch erinnert unser Meisterspediteur Weyns in seinem »Ausführlichen Führer des Freilichtmuseums zu Bokrijk« nicht ohne einen Unterton des Bedauerns, dass er einige Kostbarkeiten habe zurücklassen müssen. Er schreibt: »*Auf dem Zinnregal prangten zwei Dutzend Teller. Da die letzten Eigentümer des Hofes, die Familie Hoydonckx, begreiflicherweise an diesen Familienerinnerungen hing, konnten wir nur die Hälfte des Zinns erwerben. Der Rest wurde aus unserer Sammlung ergänzt.*«

Der Besucher wird verstanden haben, dass der Hof selbst und seine landwirtschaftliche Tradition älter sind als ein Großteil der Einrichtung. Diese umfasst sogar eine sogenannte *Plattebuiskachel* (Flachröhrenofen: eine Art eiserner Kohlenofen) aus dem Anfang des 20. Jahrhunderts, was Jozef Weyns die leidenschaftliche Bemerkung entlockt: »*In der Stube steht der sogenannte Löwener Ofen, eine Plattebuiskachel. Sie war im 19. Jahrhundert ein bedeutender Fortschritt in unserer ländlichen Wohnkultur; der offene Kamin, der so viel Wärme verfliegen ließ, wurde in seinem Herzen abgedichtet, und jetzt, zum ersten Mal in der Geschichte, verfügte der Bauer über einen tauglich beheizten Raum. Der Kilbershof zeigt somit die letztliche Lösung in der Entwicklung der alten Wohnweisen: Er ist in dem Bild, das Bokrijk von der alten Zeit bietet, der Endpunkt der Entwicklung der ländlichen Wohnkultur.*«

Weyns hat damit mehr als Recht. Beim Gang durch Bokrijk finden wir die riesigen offenen Kamine vielleicht sehr schön und ach so stimmungsvoll, doch im Winter erwiesen sie sich zur Beheizung der Wohnräume als nahezu nutzlos. Man baute sie damals so groß, um möglichst viel Rauch aufzufangen sowie Schinken und Würste darin zu räuchern. Aber mit dem Rauch entwich auch die Wärme. Wer sich von vorn aufwärmen wollte, bekam dabei einen kalten Rücken. Und wenn man nachts das Feuer nur schwelen ließ, gefror der Atem der Schläfer oft an den Lehmwänden.

Im Museumsdorf Cloppenburg hat man ein winterliches Experiment angestellt. In einem der Bauernhäuser des Freilichtmuseums heizte man die offenen Kamine mit voller Kraft, dichtete die Luken optimal ab und stellte die Stallungen neben der Küche voller Tiere. Das Ergebnis: Im Innern bekam man es kaum vier Grad wärmer, als die Außentemperatur betrug. Die Erfindung des geschlossenen Ofens war ein Segen für die Menschen. Der französische Philosoph Montaigne war – im Gegensatz zu seinen Mitreisenden – voll und ganz dieser Meinung, als er um 1575 während einer Deutschlandreise notierte, die Kachelöfen verbreiteten nicht nur eine behagliche Wärme, sondern seien im Vergleich zu offenen Kaminen zudem sehr sauber.

Nebenbei bemerkt: Dass das Dach des Kilbershofs einen Schornstein trägt, ist normal. Doch in der Zeit Pieter Bruegels war das eher die Ausnahme als die Regel. Meistens heizte man damals an einer mehr oder weniger zentralen Stelle in der Küche und zog der Rauch (zusammen mit der Wärme) einfach durch ein Loch im Dach ab. Ein Beispiel eines solchen Rauchlochs können Sie unter anderem in der Ölmühle aus Ellikom (Nummer 10) sehen.

Schön und überraschend mondän zwischen den zahllosen bescheidenen Behausungen in Bokrijk ist das aus dem 16. Jahrhundert stammende *Hooghuis* (Hochhaus) aus Tessenderlo-Schoot **12.1**, das Wohnhaus eines Anwesens, das man hier um einen Lagerraum für Torf und eine große Scheune vervollständigt hat, welche aber beide späteren Datums sind. Das »Hochhaus« mag in seiner Konstruktion zwar typisch für die Kempen sein, doch kam es in dieser Gegend selten vor, dass ein Bauer so ohne weiteres mehrstöckig wohnen konnte. Das fragliche Wohnhaus wurde von einem hochrangigen Militär gebaut, der wie ein Gutsherr einen höheren sozialen Status genoss und sich also ein wenig wie ein richtiger Herr aufführen durfte.

Hochhaus aus Tessenderlo-Schoot

Das erzählen uns übrigens nicht nur das kostbare Mauerwerk aus Backsteinen, das zusätzliche Stockwerk und die (gegen Unheil schützenden?) dekorativen Maurerzeichen auf den Außenwänden, sondern auch der Taubenschlag im Dachgeschoss. In früheren Zeiten war das Halten von Tauben ebenso wie das Jagd- und Fischereirecht fast ausschließlich der Aristokratie und den Abteien vorbehalten. Erst im 16. Jahrhundert konnte es auch reicheren Pachthöfen mit einem genau festgelegten Minimum an verfügbarem Land verliehen werden. Der Erbauer des Hauses besaß also das nötige Kleingeld. Und seine Tauben konnte er nicht nur als schnelle und zuverlässige Postboten verwenden, sondern sie waren auch

mit vollem Recht als Leckerbissen bekannt, und außerdem eignete sich ihr Mist besonders gut für die Düngung von Flachs, Tabak, Klee, Blattgemüse und Hopfen. Die Bauern aus der Umgegend verzweifelten mitunter schier daran, doch es war verboten, die Tauben zu fangen oder zu vertilgen. Allerdings mussten sie in der Saat- und Erntezeit hinter Schloss und Riegel bleiben.

In dem aus Holz und Stroh errichteten Schuppen aus Kalmthout-Nieuwmoer **12.2** lagerte man Torf – Moorerde, die in Stücke zerteilt und anschließend als Heizmaterial getrocknet wurde. Torf war der gängigste Brennstoff. Die Bauern durften ihn auf gemeinschaftlichen Flächen in Soden ausstechen oder ihn mit einem sogenannten

Torfschuppen aus Kalmthout-Nieuwmoer; im Hintergrund das Hochhaus aus Tessenderlo-Schoot

Längsscheune aus Olen

12.3
13.1

Oevel erhalten ist **13.1**, mit einer ebenfalls authentischen Scheune und einer pferdebetriebenen Mühle. Der *Uitschoolhof* aus Oevel (Antwerpener Kempen) datiert in seinem heutigen Zustand aus der Zeit etwa um 1735, doch reicht seine Geschichte bis ins frühe 13. Jahrhundert zurück. Der Name des Hofs ist über verschiedene Zwischenschritte von *Udo* und *hole* abgeleitet und bedeutet eigentlich: »das tiefliegende Stück Land des Udo«.

Für die Zeit von 1393 bis 1954, als der letzte Bauer den Hof verließ, sind sämtliche Pächter bekannt. Oft waren sie keine geringen Leute. Im 17. Jahrhundert kontrollierte der Bauernhof 45 Hektar Land, das sind gut fünf Mal so viel, wie einem Kleinpächter im Durchschnitt zugewiesen wurden. Der Wohlstand des Uitschoolhofs – dessen Dachstuhl allein schon 28 Eichen das Leben kostete – spricht auch aus den Backsteinwänden und dem Mobiliar. Letzteres ist zwar nicht das ursprüngliche, doch es wurde anhand einer Inventarliste des Hofs aus dem Jahr 1756 zusammengestellt: Ein Kleiderschrank aus Ulmenholz, ein Küchenschrank aus Eiche, eine Standuhr, ein ländlicher Renaissanceschrank, eine Kommode und ein neumodischer Vitrinenschrank, in dem die Bewohner ihre bessere Keramik und ihr Porzellan ausstellten, eine Truhe mit kleinen Schubläden und einem geheimen Bodenfach, und derlei Nettigkeiten mehr. Der Besucher wird mittlerweile bemerkt haben, dass die Stube hier wie in anderen Wohn-

Moorbügel aus den unteren, sumpfigen Schichten ausbaggern. War der Torf getrocknet, hieb man ihn mit einem Schlageisen zu Klumpen. Der Torfschuppen aus Kalmthout datiert vermutlich vom Ende des 18. oder Anfang des 19. Jahrhunderts.

Die Scheune aus Olen **12.3** ist ein Exemplar aus dem Jahr 1789, was Sie an dem Ankerbalken im Schafpferch ablesen können. Völkerkundler bezeichnen sie als eine »längsgerichtete« Scheune, weil die Dreschdiele sich über die volle Länge des Gebäudes erstreckt. Der Bauer fuhr den voll beladenen Erntekarren durch das hohe Scheunentor unter der ausgeschnittenen Dachecke ins Innere, deponierte die Ladung an den verschiedenen dafür vorgese-

henen Lagerplätzen und verließ die Scheune wieder durch das kleine Tor an der anderen Seite. Kein Platzverlust, kein Zeitverlust. Das Dach ist eine Pfettenkonstruktion, das heißt, die Sparren mitsamt der Dachhaut ruhen auf parallel zum First verlaufenden Balken, den Pfetten. Ein Detail: Unter dem Dachvorsprung hängt ein Brandhaken aus dem Jahr 1827, eine Kombination aus Haken und Speer, die dazu diente, brennende Mauern umzustoßen oder einzureißen. Ein unverzichtbares Brandbekämpfungsgerät auf jedem Hof.

Die Abtei von Tongerlo besaß vormals 126 Pachthöfe, von denen in Bokrijk ein schönes Exemplar aus

32

Schweinestall aus Heist-op-den-Berg
und Wohnstallhaus aus Oevel

stallhäusern nur einen Durchgang in den täglichen Wohn- und Küchenraum hatte und weiter als Aufenthaltsraum im Winter völlig frei von Zugluft gehalten wurde.

Eine kleine Anekdote: Zwar blieb den Frauen auch die schwerste und schmutzigste Arbeit nicht erspart und war ihre Stellung allgemein – und trotz ihres maßgeblichen Einflusses im Haushalt –

nicht wirklich beneidenswert, doch genossen in diesem Hof die Mädchen das Privileg, die Nacht an der Südseite verbringen zu dürfen, während die Jungen im Keller schliefen. Außerdem wurde die Bäuerin hier am Butterfass durch einen Hund ersetzt. In dem Tiefstall neben der Küche trieb der Hund ein Tretrad an, das über eine durch die Mauer geführte Kurbelwelle eine

Achse in Bewegung setzte, die wiederum mit dem Stampfer des Butterfasses verbunden war. Heutzutage würde man so etwas als Tierquälerei bezeichnen, aber für die Bäuerin von damals war es ein Geschenk des Himmels.

Und da wir ohnehin schon im Tiefstall gelandet sind, möchte ich Ihnen eine Vorstellung von der Menge an Mist vermitteln, die dort Tag für Tag aufgehäuft wurde: Im Februar brauchte es gut und gern 150 Karren, bis der Stall ausgemistet war, im September 120.

Bei der ursprünglichen Scheune des Uitschoolhofs – einem Gebäude des längsgerichteten Typs (vgl. 12.3) – ist eine *Manege* aufgebaut, eine Mühle, die von Pferden angetrieben wurde und auch eine Dreschmaschine in Bewegung setzen konnte. Weiter hat man das Anwesen um ein vermutlich aus dem 19. Jahrhundert stammendes Backhaus aus Oostmalle-Blommerschot **13.2** sowie einen doppelten Schweinekoben aus Heist-op-den-Berg **13.3** vervollständigt.

Während des Rundgangs werden Sie regelmäßig bemerken, dass auch der Mensch seinen Stuhlgang in diesen und andere Schweinekoben erledigte. Das geschah also nicht unter dem Dach des Wohnhauses, sondern in einem freistehenden und meistens außerhalb der Windrichtung befindlichen »geheimen Örtchen« oder Abort, manchmal als Anhängsel eines Backhauses, manchmal in oder neben einem Schweinestall, jedoch auf Befehl der Obrigkeit keinesfalls zu nah an einer Straße, die kirchliche Prozessionen zu passieren hatten.

Der neugierige Besucher wird sich schon gefragt haben, in welcher Form der Pächter seinen Mietzins an die Abtei entrichtete. Ein Beispiel aus den Annalen des Uitschoolhofs skizziert, wie es dabei über Jahrhunderte zuging. Im Jahr 1502 besaß der Pächter Joannes Verachtert *zur Hälfte* fünf Kühe, sechs Kälber, vier Pferde und vierzig Schafe. Das bedeutete, dass beim Verkauf von Vieh der Erlös zur Hälfte an die Abtei ging und andererseits auch beim Ankauf von Vieh jede Partei ihren Teil bezahlte. Die eigentliche Miete für Haus und Hof entrichtete Bauer Verachtert mit einer Geldsumme plus einer gewissen Menge an Brotgetreide sowie Gerste und Buchweizen.

Eventuell vorhandene Mägde und Knechte verdienten ihren Lohn vor allem in Form von Kost und Logis, auch wenn sie in der Scheune schlafen mussten. Später gab es dann Lohn in Form von Geld. Um 1900 zum Beispiel, als der Uitschoolhof noch insgesamt 23,5 Hektar Land bearbeitete (davon zwei Drittel als Eigentum), verdiente die Magd dort neun bis elf Francs im Monat, der Großknecht zwölf bis vierzehn und der »kleine« Knecht acht bis neun Francs. Dabei gehen wir meist davon aus, als sei damals alles viel billiger gewesen als heute. Doch dem ist nicht so. Drückt man den Wert eines Brotes, einer bestimmten Menge Fleisch oder eines Baugrundstücks in Gramm an Silber oder Gold aus, dann verschwinden die großen Preisunterschiede wie von selbst. Der intrinsische Wert von Lohnarbeit ist durch die Jahrhunderte hinweg recht stabil geblieben.

Aber, höre ich den scharfsinnigen Leser einwerfen, wie konnte dieser Bauer des Jahres 1900 sein Vieh versorgen, das Anwesen instandhalten und obendrein 23 Hektar Land bearbeiten, wenn er nur eine Magd und zwei Knechte hatte, die ihm dabei halfen? Das war tatsächlich unmöglich. Aber der Bauer hatte auch noch dreizehn Kinder ...

Exkurs: Kinderreichen Familien sind ein Phänomen der letzten 100 bis 150 Jahre. Davor brachten die meisten Ehepaare höchstens alle 24 bis 30 Monate ein Kind zur Welt. Das steht in keinerlei Zusammenhang mit irgendeiner Form der Geburtenkontrolle, sondern mit den langen Stillzeiten, die häufig das Ausbleiben der Menstruation und eine vorübergehende Unfruchtbarkeit verursachte. Rechnen wir dazu noch die hohe Kindersterblichkeitsrate, ergibt sich ein Durchschnitt von kaum zwei Kindern pro Familie.

Ausnahmen dienen dazu, die Regel zu bestätigen: Aus irgendeinem Grund liegt die »Stube« (der Winterverbleib) des Einhauses aus Heist-op-den-Berg **14.1** an der West- und nicht an der Ostseite und besitzt sie entgegen aller damaligen Winterlogik doch eine Tür ins Freie, vielleicht um einem hier wohnenden Familienangehörigen die Ungestörtheit eines eigenen Eingangs zu gönnen. Weiter enthält das Haus unter demselben Dach noch die Küche, einen Kuhstall sowie eine Scheuer. Es ist eines der ältesten erhaltenen Lehmhäuser aus den Kempen. In den Sturz der Eingangstür sind eine Weltkugel und ein Kreuz eingekerbt, dazu die Jahreszahl 1679.

In dieser und in anderen Wohnhäusern auf dem Museumsgelände werden Sie bemerken, dass die Fensteröffnungen nicht mit Glas, sondern ganz oder teilweise mit aufgespannten Schweinsblasen verschlossen sind. Ersatzweise ist man heute übrigens auf Kuhblasen angewiesen, weil die gegenwärtig viel jünger geschlachteten Schweine zu kleine Blasen haben.

Das Interieur des Hofs verweist auf das 17. Jahrhundert, jedoch lassen sich zu einer Einrichtung des 16. Jahrhunderts wenig Unterschiede feststellen. Die Paneeltruhe und den Vorratsschrank gibt es noch immer, und der Tisch steht nach guter Gewohnheit und wegen des Lichteinfalls am Fenster, das bauchige Butterfass hat eine Wippe zur Erleichterung des Butterns, und die hübschen Kempener Stühle mit strohgeflochtener Sitzfläche sind

besonders niedrig, um das Feuer besser unterhalten zu können. Schön, hübsch, gemütlich – aber noch einmal: Was wir heute schön finden, machte man damals vor allem der Zweckmäßigkeit halber so oder anders. Kunst um der Kunst willen gab es noch nicht. So werden gegenwärtig etwa unsere Kamine oder Edelstahlspülen dem Geschmack, der Bequemlichkeit und dem Einrichtungskonzept eines Jeden entsprechend hergestellt. Damals jedoch war ein Spülstein einfach eine Spülecke, das heißt, eine Ecke des ansonsten lehmgestampften Küchenfußbodens war gefliest und mit einem Wandloch in Fußbodenhöhe versehen, durch welches das Spülwasser nach draußen abfloss. Hier saß die Bäuerin auf ihrer Spülbank, wusch das Geschirr und stellte es zum Trocknen ins Spülregal – eine äußerst praktische Angelegenheit.

Jan Coeckelberghs, bis zu seinem Tod im Jahr 1952 der letzte Bewohner des Hofs, arbeitete nicht nur auf dem Feld, sondern schrieb auch volkstümliche, fromme Verse. Im Haus hängt sein Gedicht *Het Vaderhuis* (Das Vaterhaus), in der Scheune erinnern einige Honigpressen an seine Tätigkeit als Imker.

In der Umgebung des Hofs steht noch ein hundertjähriger Schweinekoben aus Booischot **14.2**, ein etwas älterer, sehr rudimentärer freistehender Abort aus Westmeerbeek **14.3** sowie ein ausgewachsenes Backhaus aus Heist-Goor **14.4**, an das ein Schweinekoben angebaut ist und ein kleines Schlafzimmer,

Inneres des Einhauses aus Heist-op-den-Berg

um die Tiere in Kriegsnächten zu bewachen. Im Backhaus wurden natürlich unzählige Brote gebacken, aber auch vier Kinder geboren. Und im Jahr 1910 ist der Vater dieser Kinder in dem unscheinbaren kleinen Schlafzimmer gestorben.

Obiges Backhaus hat im Lauf seines Daseins auch noch als Gasthaus für Kirmesgesellschaften gedient, obwohl es in keinerlei Hinsicht mit dem bildschönen Landgasthof *In St.-Gummarus* aus Lier **15.1** wetteifern kann. Um dem Wanderer in Bokrijk zu behagen, hat man die dortigen früheren Wohnräume zu einem großen Schankraum umgestaltet, in dem regionale Speisen und Getränke serviert werden. Ansonsten wurde der Zustand von um 1900 restauriert. Früher bestand der Gasthof aus Schenke und Wohnräumen an der Südseite sowie zur Westseite hin aus einem rechtwinklig angebauten Scheunen- und Stallbereich. Zur Nordseite hin befanden sich zwei Kellerräume und ein Backofen. Im heutigen Schankraum wurde der Kamin des *Kruiningenhof* aus Deurne (Antwerpen) wieder aufgebaut.

Draußen konnte der Besucher des Gasthauses sich nach guter alter Sitte an Kegelspiel und Bogenschießen erfreuen. Jetzt gibt es nur mehr eine Kegelbahn, auf der das Spiel genau wie früher mit neun Kegeln gespielt wird. Auch so ein Stück Vergangenheit. Denn auf das Kegeln wurden – besonders unter den Emigranten in den Vereinigten Staaten – derartig hohe Wetten abgeschlossen, dass *bowling at nine pins* in den USA verboten wurde. Spitzfindige Geister erfanden daraufhin ein Spiel mit zehn Kegeln, die nicht rautenförmig, sondern als Dreieck aufzustellen sind. In dieser nunmehr wieder legalen Form wurde das Kegeln durch amerikanische Soldaten nach Europa gebracht, wo das »neue« Spiel das alte allmählich verdrängte.

Scheune des Einhauses aus Heist-op-den-Berg

Rückseite des Einhauses aus Heist-op-den Berg

In dem Bokrijker Gasthaus ist auch ein altes *beugelspel* (Bügelspiel) zu sehen, bei dem die Spieler schwere Kugeln mit einem Schlagholz durch einen Drahtbügel treiben müssen; eine Art von Krocket also.

Auf dem Museumsgelände findet der Liebhaber übrigens reichlich Gelegenheit, alte oder fast ausge-

Wirtshaus *In Sint-Gummarus* aus Lier

storbene Arten des Volkssports zu betreiben, vom *Sjoelbak* (ein länglicher Holzkasten mit Öffnungen, durch die Holzscheiben geschoben werden müssen) bis zum Mastklettern, vom Gehen auf Stelzen bis zum Tauziehen. Für Sprachforscher ebenso wie für durchschnittlich Interessierte bieten diese Volksspiele einen Schatz an flämischen Sprichwörtern und Redensarten.

Aber eigentlich gilt das für das gesamte Bokrijk. Bis tief in unsere Sprache berichtet uns Bokrijk auch von der Gegenwart.

Hinter einer hohen Gartenmauer
und flankiert von Pferdeställen und
Wagenremisen liegt das Pfarrhaus
von Schriek **16**. Die schöne Pasto-
renwohnung aus dem Jahr 1776
wurde 1968 in verfallenem Zustand
nach Bokrijk transportiert, um hier
sechs Jahre sowie sechs Millionen
Francs oder 150.000 Euro später in
voller Pracht wiederaufzuerstehen.
Pracht ist durchaus das treffende
Wort. Bereits der Nachfolger des
Pastors Snoeckx, der das Haus im
18. Jahrhundert erbauen ließ, stellte
bei seiner Ernennung fest, dass »der
Diener Gottes eine bessere Wohnung hat als sein Herr«. Sprach's
und warb sogleich um Gelder zum
Bau einer neueren, größeren Kirche.
Was dann auch geschah. Also steht
jetzt Schriek eine große Kirche,
während man in Bokrijk in der Nähe
des alten Pfarrhauses von Schriek
die kleine Kirche aus Erpekom
wiedererrichtet hat.

Noch immer hebt sich in einer
Reihe flämischer Dorfkerne das
freistehende Pfarramt stilvoll und
manchmal sogar ein wenig hoch-
mütig gegen die vielen umliegen-
den Häuser ab. Doch während sich
der Unterschied heute nur mehr in
der altehrwürdigen, bürgerlichen
Gediegenheit des Pfarrhauses
gegenüber der architektonischen
Banalität so vieler anderer Behausungen abzeichnet, demonstrierte
in stärker landwirtschaftlich gepräg-
ten Zeiten die Kirche mit ihren
Pfarrämtern vor allem Macht und
Autorität. Gegenüber den vielen
ärmlichen Bauernhäusern stachen
die Pfarrhäuser des 18. und 19. Jahrhunderts meist durch Baustil und
Baumaterialien, ihr reiches bürger-
liches Interieur sowie ihre häufig
von Buchsbaum und Mauern
umsäumten Gärten ins Auge.
Um manche Pfarrämter wurde
sogar ein Wassergraben angelegt,
was die Distanz zwischen dem
kirchlichen Würdenträger und dem
sündigen Plebs zusätzlich betonte.

Pfarrhaus aus Schriek

Küche des Pfarrhauses aus Schriek

Wohnhaus *Zelse Schrans* aus Herenthout

Die Einteilung des Pfarrhauses von Schriek ist typisch in ihrer Art und dem Beispiel der Stadtwohnungen des 18. Jahrhunderts nachempfunden. Rechts vom Flur befindet sich ein großer Wohnraum, links das Empfangszimmer, eine Küche, ein Keller sowie ein Kellerzimmer. Die »gute Stube« in Schriek ist mit Motiven dekoriert, die auf das Rokoko verweisen. Doch die ursprünglichen Wandmalereien – ein gekreuzigter Christus auf dem Kamingesims, Porträts in einer Landschaft an den Wänden – und auch alle Deckenmalereien im Erdgeschoss sind verschwunden. In dem prächtigen Treppenhaus schwimmen zwei Hechte, ein Hinweis auf den Bauherrn Snoeckx (niederländisch *snoek* = Hecht).

Ein sehr auffälliges Möbelstück

ist der zierliche barocke Kabinett-
schrank aus dem 17. Jahrhundert,
gefertigt in teurem Ebenholz und
verziert mit Einlegearbeiten. Während das Innere der Bauernhäuser
noch bis zu den geringsten Gegenständen hin von Nützlichkeitsden-
ken geprägt war, hatten sich die
Geistlichkeit und das wohlhaben-
dere Bürgertum bereits eine Lebens-
art zugelegt, die sich auch in einem
raffinierten, auf das Interieur abge-
stimmten Möbeldesign ausdrückte.
An Komfort herrschte auch sonst
kein Mangel. Selbst in der Küche
war der Herr Pastor besser dran als
seine Gemeindemitglieder. Da gab
es nicht nur den hohen eisernen
Küchenherd mit Backofen und eingebautem Wasserbassin, sondern
hier im Pfarrhaus von Schriek steht
auch das früheste Exemplar eines
Eisschranks.

Ein Detail: Während seine
Schäfchen mit dem Löffel aßen,
benutzte der Pastor auch eine Gabel.
Aber im Gegensatz zu heute aß man
damals die Suppe und das Haupt-
gericht aus demselben Teller und
drehte anschließend zum Verzehr
des Nachtischs den Teller einfach
um. Es ist nicht bekannt, ob Pastor
Snoeckx Wein oder Bier zu den
Mahlzeiten genoss. Wohl bekannt
dagegen ist, dass Bauern beim Essen
nicht tranken. Sie tranken Bier
vor dem Essen, damit es besser
schmeckte, und nach dem Essen
zur Verdauung. Wasser wurde
wegen seiner oft bedenklichen
hygienischen Qualität sowieso
gemieden.

Über das Wohnhaus der *Zelse*

Wohnhaus aus Wortel

Schrans, eines Hofs aus Herenthout
17, weiß man nur wenig. In eine der
Seitenfronten ist die Jahreszahl 1652
gemauert, aber vielleicht ist das
Gebäude älter und hat auch eine Zeit
des Fachwerks gekannt. Die weißgekalkten Streifen auf der Backstein-
front jedoch haben mit dieser Ver-
mutung nichts zu tun. Sie imitieren
die »Speckstreifen« in weißem
Naturstein, mit denen man häufig
städtische Backsteinfassaden auf-
lockerte. Im Haus selbst wird der
Besucher vielleicht vor allem von
dem Kamin eingenommen sein,
einem Exemplar aus dem Kruiningenhof in Deurne (vgl. auch 15.1).

Auch die elegant eingerahmte
Eingangstür des bäuerlichen Wohnhauses aus Wortel **18** kann Ihnen
nicht entgehen. Das Haus mit

Scheune aus Wortel; im Hintergrund die Kirche aus Erpekom

seinem L-förmigen Grundriss datiert aus der Zeit um 1730 und wurde eine Zeitlang als Gaststätte genutzt. In Bokrijk hat man es zum Museumsshop umgebaut, während die große dreischiffige Scheune neben dem Wohnhaus als Raum für Sonderausstellungen dient.

Ein Stück weiter steht in Höhe der kleinen Kirche die Rekonstruktion eines hölzernen Schandpfahls **19** (auch *Pranger* genannt), an den ein Verurteilter an Markttagen mit einem Halseisen gekettet und dergestalt »an den Pranger gestellt« wurde. Auf einem Schild standen der Name und das Vergehen, und für die des Lesens Unkundigen wurde das Vergehen unten am Pfahl durch ein Symbol gekennzeichnet.

Auch nach der Französischen Revolution blieb der Schandpfahl im *Code Pénal* oder Strafgesetzbuch erhalten. In Belgien wird die Methode seit der ersten Hälfte des 19. Jahrhunderts nicht mehr angewandt, die Niederlande rissen ihren letzten Schandpfahl im Jahr 1854 nieder. Doch mit dem Pfahl ist der Brauch nicht verschwunden. Das erfuhren sehr viele – tatsächliche oder vermeintliche – weibliche Kollaborateure nach dem zweiten Weltkrieg, als sie kahlrasiert durch die Stadt geschleift oder herumgefahren wurden, dem Spott und der Verachtung der Straße ausgesetzt. Ebenso wie heute – tatsächliche oder vermeintliche – Pädophile in Boulevardblättern oder im Internet »an

den Pranger« gestellt werden.

In den alten Kempener Dörfern stand die Kirche nicht auf dem Dorfplatz. Also baute man auch in Bokrijk die romanische Saalkirche von Erpekom **20** ein Stück vom Dorfplatz entfernt auf, welcher als Weide und Sammelstelle dem Vieh vorbehalten war. Das Kirchlein von Erpekom, einem Weiler bei Grote-Brogel, ist in seiner Schlichtheit eine Perle. Anfänglich gab es nur einen simplen rechteckigen Raum ohne Säulen, mit kaum zweieinhalb Meter hohen Wänden aus Findlingssteinen und einer soliden Holzkonstruktion als Dach. So stand sie im 12. Jahrhundert da. Ein Jahrhundert später baute man einen Chor an und erhöhte die Wände des Schiffs. Der Turm schließlich stammt aus dem 16. Jahrhundert. An seiner Stelle befand sich früher der Zugang zur Kirche, weswegen sich die ursprüngliche Tür jetzt auf der Südseite befindet.

Das erste, was in der Kirche auffällt, sind das stabile Dachgebälk, eine Rekonstruktion eines romanischen Dachstuhls, sowie das Fehlen von Kanzel, Beichtstuhl und Kommunionbank. Letzteres hat nichts mit dem Zahn der Zeit oder etwa dem Bildersturm zu tun, sondern entspricht genau dem Innern der Kirchen vor dem Konzil von Trient (1545–1563).

Was auch auffällt: Ursprünglich waren die Innenwände verputzt, im Gegensatz zu heute. Die Kommission, die bei der Rekonstruktion der Kirche darüber Aufschluss zu geben hatte, konnte sich zu keiner einheitlichen Empfehlung durchringen. Übrigens gefällt es den meisten Leuten vielleicht besser so. Struktur und Farbe des nackten Baumaterials rufen durchweg ein romantisches Gefühl ultimativer Authentizität hervor: So wurde die Kirche geboren. Außerdem verschönerte man den Verputz früher mit Wandmalereien, und wenn die verschwunden sind, erscheint es nicht sonderlich sinnvoll, sie erneut anzubringen. In Erpekom konnte allerdings eine dieser Malereien gerettet werden. Man vermutet, dass es sich dabei um eine Darstellung des heiligen Hubertus handelt, des Schutzpatrons der Kirche. Daran erinnert übrigens eine Skulpturengruppe

steht ein rechteckig zugesägter und ausgehöhlter Baumstamm, eisenbeschlagen und mit einem Deckel und drei Schlössern versehen. In diesem Koffer bewahrte man die kirchlichen Archivalien sowie Geld auf. Manchmal wurden vorübergehend auch Nahrungsmittel wie Schinken oder Kisten mit Getreide

Inneres der Kirche aus Erpekom

von Jan van Steffenswert aus dem Jahr 1510. Auch sollte man in der Kirche nicht die meisterhaft geschnitzte Marienskulptur vom Beginn des 16. Jahrhunderts übersehen, die dem Meister von Elsloo zugeschrieben wird. Zuletzt etwas für die Liebhaber von Schachteln, Kästchen, Etuis, Futteralen; kurz: von Objekten, die sich öffnen und schließen lassen. Unter dem Turm

in der Kirche aufbewahrt. Dies jedoch nicht als Sonderration für die Diener Gottes, sondern für die Dorfbewohner, die in Kriegszeiten in dem einzigen steinernen Gebäude des Dorfes Schutz suchten.

Kirche aus Erpekom; im Vordergrund der Schandpfahl

Rückseite der Kellerhütte aus Koersel

Gemessen an unserem heutigen Wohlstand stellen wir uns das Leben, wie es sich in Bokrijk auf den ersten Blick erraten lässt, durchweg zu ärmlich vor. Unter normalen Umständen war man, was die Versorgung mit Nahrungsmitteln anging, auf dem Land eigentlich auf Rosen gebettet. Und selbst im Fall größerer Missernten hatten die Abteien für ihre glücklosen Pächter noch immer Nahrungsmittelvorräte auf Lager. Auch die Solidarität war damals stärker ausgeprägt als heute. Nicht nur halfen die Dorfbewohner sich gegenseitig während der Ernte oder beim Bau oder der Reparatur von Wohnhäusern und Scheunen, sondern auch beim Schweineschlachten lud man die Nachbarn mit zu Tisch. Zweifellos hatte das alles weniger mit Altruismus zu tun als mit der goldenen Regel vom Geben und Nehmen, und doch scheint einiges darauf hinzuweisen, dass der Bauer und seine Familie es damals besser hatten, als wir es heute voreilig aus einem Strohdach oder einem lehmgestampften Fußboden abzuleiten geneigt sind.

Dass damals jedoch – wie immer – auch bittere Armut gelitten wurde, und zwar häufig über Generationen, steht ebenfalls fest. In Bokrijk können Sie dieses Elend beinahe physisch in einer sogenannten Kellerhütte erleben, der Rekonstruktion einer Kellerhütte aus dem limburgischen Koersel 21, angefertigt auf der Grundlage dokumentarischer Skizzen von Charles Wellens und zu dessen Zeit noch von einem letzten Nachkommen bewohnt.

Das extrem kleine und niedrige Haus besteht aus einer Kellerhütte und einem angebauten Schlafkoben. Die ärmsten Heidebewohner, darunter die Besenbinder, mussten sich mit einer Kuhle im Boden zufrieden geben, einigen zusammengesuchten Steinen für den Fußboden, Stroh für das Dach, Lehm für die niedrigen Wände. Selbst der Rauchfang besteht aus Flechtwerk, bestrichen mit (nicht brennbarem) Lehm. Bis auf einige Arbeiterbaracken in den Städten ist dies vielleicht die primitivste Behausung, die die Kempen bislang hervorgebracht haben. Im 19. Jahrhundert hat es noch viele dieser Kellerwohnungen gegeben.

In dem Zimmerchen der Hütte aus Koersel diente ein abgesägter Baumstumpf als »Breiklotz«. Ob man den Buchweizenbrei direkt mit der Hand aus dem Holzklotz aß oder dessen Aushöhlung benutzte, um einen Teller hineinzustellen, scheint nicht bekannt, tut in diesem Elend jedoch auch wenig zur Sache.

Etwas weiter, wiederum auf dem Weg zur großen Kornmühle, kommen Sie an einer Feldkapelle aus Lummen 22 vorbei, die 1963

Feldkapelle aus Lummen

einer Autobahn weichen musste. »Wo man geht auf Flanderns Wegen, kommt man Muttergottes Dir entgegen« – so auch in Bokrijk, und zwar von der Heide bis ins Tiefland. Die Muttergottes war die letzte Zuflucht. Doch sonst hatte man für jedes Leid einen gesonderten Heiligen, zu dem unter Zuhilfenahme von Skapulieren, Andachtsbildern und Reliquien gebetet wurde. Und natürlich auch von Bildnissen. In Bokrijk begegnen Sie versteinerten Versionen von unter anderem Sankt Arnold, Sankt Antonius und Sankt Rochus.

Weiter rechts an der Kapelle entlang sehen Sie eine der ersten Erwerbungen von Bokrijk: Ein kleines Bauernhaus aus der zweiten Hälfte des 18. Jahrhunderts, das 1953 aus

Houthalen-Kwalaak in die Provinzialdomäne verbracht wurde **23.1**.
Hier wohnten von 1897 bis 1919 ein
gewisser Martinus Rekkers und
seine Kusine. Sie besaßen zwei
Hektar Ackerland und drei Kühe,
was nicht nach all zu viel Arbeit
aussieht. Doch allein die Kühe – die
zusammen ungefähr 18 Liter Milch
pro Tag gaben – sorgten dafür, dass
Martinus und seine Verwandte
mindestens zwei oder drei Tage
in der Woche buttern mussten.

Die Einteilung des Hauses wird
dem Besucher mittlerweile bekannt
vorkommen. Das Innere ist dem
Zustand um 1919 entsprechend
eingerichtet, dem Todesjahr des
Martinus Rekkers. Eine nette Entdeckung: Im Stall steht eine Buttermühle. Man darf also insgesamt
annehmen, dass das häufige Buttern
im Hause Rekkers nur halb so
schlimm war, was die menschliche
Arbeit anging. Dafür sorgte ein an
die Stallwand geketteter Hund, der
die Mühle in Gang hielt.

Auf demselben Gelände baute
man das vermutlich 200 Jahre alte
Backhaus von Eksel **23.2** wieder auf.
Das Gebäude ist größer als die meisten seiner Art, was daran liegt, dass
dort auch einige Schweine untergebracht waren.

Einhaus aus Houthalen-Kwalaak

Inneres des Wellenshofs aus Lummen

Das Töttenhaus aus Eksel

Die Namen der Pioniere von Bokrijk leben nicht nur in ihren Zeich-
nungen und Schriften weiter, sondern sind auch direkt an Ort und
Stelle verewigt. Jozef Weyns erhielt
ein Denkmal am Eingang des
Museums, Charles Wellens Name
stand Pate für den *Wellenshof* **24**,
das erste Gebäude, das (Ende 1952)
auf dem Museumsgelände errichtet
wurde, unter der schönsten Eiche

der Umgebung und auch sonst in
mancherlei Hinsicht auf recht
experimentelle Weise dem ver-
träumten Dorfidyll des Kunstma-
lers angepasst.

Der in seinem Kern auf das
Gehöft *Engelen* aus Lummen
zurückzuführende Hof entspricht
in seiner Einteilung dem bekannten
Bauschema aus den Limburger
Kempen – von Ost nach West:

Stube, Küche, Stall, Scheune. Ebenfalls typisch: Große Pflastersteine für den Fußboden im Haus sowie ein Mosaik von kleineren Kieseln in der »guten Stube«.

Nebenbei bemerkt: In meiner eigenen ostflämischen Jugend war die gute Stube in unserer Stadtwohnung zwar schon ein eigenes Salonzimmer, doch meine Mutter, nicht umsonst die Tochter eines Bauern aus den Poldern des Meetjeslandes, sprach noch immer von der »schönen Platz« oder kurz von »dem Platz«.

Das Interieur des Wellenshofs wurde aus der heimatkundlichen Sammlung des Malers selbst im Stil von 1900 zusammengestellt, obwohl der Engelenhof ursprünglich aus dem 18. Jahrhundert stammte. Außerdem ergänzte er die historische Bausubstanz um eine Buttermühle und einen Alkoven und passte das Ganze so dem romantisierenden Bild an, das man in den 1950er Jahren von den Kempen hatte.

Charles Wellens konnte die feierliche Eröffnung des Museums am 12. April 1958 noch miterleben. Drei Monate später starb er als Siebzigjähriger in Hasselt.

Historisch korrekter und in vielerlei Hinsicht interessanter als der Wellenshof ist das sogenannte *Teutenhaus* aus dem limburgischen Eksel, Baujahr 1731 **25**. Um es mit dem Michelinführer zu sagen: *mérite un détour* – wirklich einen Abstecher wert.

Im Niederländischen nennt man eine nörglerische Frauensperson mitunter eine *teut*. Doch damit haben die früheren *teuten* (Tötten) nichts zu tun, auch wenn sich zweifellos scharfe Zungen unter ihnen befanden. Der Ursprung des Namens dieser Herumreisenden und in Kompanien organisierten Bevölkerungsgruppe von Kaufleuten und Handwerkern wie Kesselflickern, Tierärzten, Haareschneidern und Haarkäufern, ist unklar. Wahrscheinlich kam der Name zuerst als Schimpfwort in holländischen Städten auf, woraufhin ihn die Betroffenen als Ehrentitel übernommen haben sollen (ähnlich wie die Geusen). Die Teuten aus den Kempen, dem niederländischen Limburg und Nord-Brabant sowie dem »Land van Loon« (jetzt das belgische Limburg) operierten vor allem in den Niederlanden, Nord- und Mitteldeutschland, Elsass-Lothringen, Luxemburg und Dänemark. Jede Kompanie kontrollierte ihr eigenes Handelsterritorium und tat dies in einer weit fortgeschrittenen Arbeitsteilung. Sie sprachen einen typischen Jargon und kannten eine eigene Kleidung, einen Ehrenkodex, eigene Bräuche, geschriebene Verträge sowie stillschweigende Übereinkünfte.

Manche, etwa die Textilverkäufer, brachten es zu großem Wohlstand und lebten in Gehöften von ausgesprochen bürgerlichem Charakter, in die sie mindestens einmal im Jahr zurückkehrten, und zwar zur Erntezeit und/oder den Winter über.

Es war ein äußerst hartes Dasein, besonders durch die Gewichte, die geschleppt werden wollten (sie trugen Dutzende von Kilos auf dem Rücken oder um den Hals – daher der Begriff »Kolporteur«) sowie durch das endlose Reisen über schwierige und oft unsichere Straßen. Durch ihren ehrlichen Handel und ihr auffallend gutes Benehmen erwarben sie sich im Ausland einen sehr guten Ruf. Auf dem Land wurden sie wegen ihres freizügigen Handels und ihrer freundschaftlichen Preise alle Jahre wieder mit offenen Armen empfangen. Besonders ihr Kreditsystem schuf Vertrauen – Kundendienst, schon ehe es dieses Wort gab.

So wuchsen die Teuten allmählich zur wichtigsten Kaste von Bürgern, Grundbesitzern und Privatiers heran. Durch die wachsende Konkurrenz, die modernen Verkehrsmittel, neue Grenzen und ähnliches nahm ihr bemerkenswerter Handel im Lauf des 19. Jahrhunderts ein allmähliches Ende. Die Textil-Teuten erreichten gerade noch das 20. Jahrhundert. Einige steckten ihr Kapital damals in erste kleinere Fabriken wie Gerbereien, Bleichereien und Zigarrenfabriken. Doch für die Kempener war das Ende in Sicht. Gegen ihre großen Konkurrenten aus Westfalen (die

Tötten) kamen sie nicht an. Die deutschen Textil-Tötten reorganisierten sich sehr zielstrebig und bauten in den nördlichen Niederlanden große Handelshäuser auf, die mittlerweile gewissermaßen zu unserem kommerziellen Kulturerbe gehören (wie Peek & Cloppenburg, C&A, Vroom & Dreesman).

Gegensatz zu den anderen Bauernhäusern nicht sogleich mit der Tür ins Haus. Durch den Flur gelangt man links in einen Salon und rechts in eine Stube, die als Dorfladen eingerichtet wurde. Alles im Haus zeugt von Luxus und Geschmack, von dem prächtigen Geschirrregal in der Küche bis hin zu dem Kabi-

Inneres des Töttenhauses aus Eksel

Es wird den Besucher also nicht wundern, dass das 1966 nach Bokrijk verbrachte Teutenhaus sich in seiner Größe, den Baumaterialien, in Inneneinrichtung und Mobiliar stark gegen die übrigen Bauernhäuser an dieser Seite des Dorfplatzes abhebt. Es ist ein langgestrecktes Bauernhaus aus Backstein mit ein- und ausgeschwenkter Giebelspitze. Auch fällt man hier im

nettschrank aus Eichenholz im Salon.

Falls Sie durch all die schöne Bürgerlichkeit vergessen haben sollten, dass mehrere Familienmitglieder der Teuten auch Bauern waren: Rechts vom Wohnteil befinden sich unter demselben Dach der Kuhstall, eine Scheune, ein Pferdestall und ein Karrenhaus.

In einem Beitrag in der Zeitschrift *Kunst en Cultuur* (Jahrgang 1998, nr. 33) schrieb Annick Boesmans, die heutige Konservatorin des Freilichtmuseums in Bokrijk: »*(...) Kurz zusammengefasst gibt es vier Gründe, ein Museum wie Bokrijk zu verteidigen: Die Kulisse, in der wohl jeder eine Geschichte findet, in der er sich wiedererkennen kann; das Empfinden, dass wir als Menschheit Fortschritte gemacht haben, die hiesige Schönheit und Ruhe sowie die bisweilen anrührende Einfachheit.*«

Das sind ebenfalls vier gute Gründe, Bokrijk einen Besuch abzustatten. Wozu auch zählt: Es lässt sich hier vieles in Bezug auf die Vergangenheit und menschlichen Erfindungsgeist lernen. Das reicht von der Freude über kleine, nützliche Einfälle (die hübschen und praktischen Laufgitter für Kleinkinder zum Beispiel – Sie begegnen ihnen in verschiedenen Bauernhäusern) über das Verstehen und Interpretieren von komplizierten Bau- und Arbeitstechniken bis hin zu dem langsam gereiften Wissen im Anbau von Kräutern, die ihren Nutzen für Küche und Medizin inzwischen zur Genüge unter Beweis gestellt haben.

Im Kräutergarten **34** – der umgezogen ist von dem Ort, an dem sich jetzt ein Gemüsegarten befindet **26** – bietet Bokrijk eine bunte Sammlung an Kräutern, die bis auf den heutigen Tag ihre Bedeutung behalten haben, und daneben von Sorten, die früher viel verwendet wurden und mittlerweile in Vergessenheit geraten sind, etwa weil wir nicht mehr daran glauben, dass Hauswurz gegen Blitzeinschlag hilft oder die Sinau gegen Unfruchtbarkeit. In der damaligen Zeit war die Medizin überwiegend auf das Studium der Kräuter und Pflanzen angewiesen und gegründet. Besonders im 17. und 18. Jahrhundert unternahmen Botaniker und Mediziner häufig monatelange Expeditionen auf der Suche nach neuen Pflanzenarten und -formen. Edelleute brachten Baumschulen von ihren Auslandsreisen mit und pflanzten sie um ihre Schlösser. Jede Stadt von Bedeutung besaß einen Kräutergarten sowie einen botanischen Garten, in dem auch exotische Bäume und Sträucher angepflanzt wurden. In Bokrijk können Sie diese in- und ausländische Lese unserer Vorfahren genießen. Das Riechen ist erlaubt, das Pflücken nicht.

Getreidewassermühle aus Lummen-Rekhoven

ANNO 1697, so steht es auf einem der Balken, die die Zugspannung auffangen helfen. Die Scheune aus Lommel-Kattenbos 27 sieht aus wie jemand, der sich den Hut über die Augen gezogen hat. Es ist ein Strohhut. Wie Sie an unzähligen Bauernhäusern in Bokrijk bemerken, ist auch auf diesem Strohdach der First mit umgedrehten, durch Holzstifte gehaltenen Grassoden abgedeckt. So hielten die Bauern die beiden Dachflächen zusammen. Wir tun das mit Firstziegeln, sie taten es mit Heidekraut und allerlei Grassorten, deren Wurzeln sich mit dem Stroh verflochten. Die Soden wurden teilweise übereinander in Stücken von 40 x 60 bis 90 Zentimetern auf dem Dachfirst ausgebreitet und bildeten so nach einer Weile eine lange, zusammengewachsene Masse, die außerdem die Eigenschaft besaß, eine recht lange Zeit Wasser festzuhalten. Interessant für das Wachstum und das Überleben des Firsts, um so mehr als man zwischen des wasserhaltenden Partien Hauswurz oder Donnerbart wachsen ließ (abgeleitet von dem lateinischen *Barba Iovis,* Jupiterbart), ein vermutlich nicht all zu wirksames Mittel gegen Blitz und Donner. Guido Gezelle weihte dem in seinem Gedicht *Sempervivum Tectorum L.* aus dem Jahr 1894 noch ein Dutzend hingebungsvoller Strophen.

Direkt neben der Scheune können Sie sehen, wie man vor der Erfindung der Elektromechanik Baumstämme zu Brettern zersägte. Ein Mann stand in der Sägegrube 28, ein anderer oben auf dem Sägegestell, und dann konnte mit einer langen Baum- oder Rahmensäge losgelegt werden. Da beim Häuserbau recht viel vorgesägtes Holz benötigt wurde, stellte die Sägegrube eine fast unverzichtbare kollektive Arbeitseinrichtung für das Dorf dar. Um brauchbares Sägeholz zu erhalten, ließ man die Bäume zuerst »auf dem Stamm sterben«. Entweder wurden sie danach mit dem Zimmermannsbeil zu viereckigen Balken behauen oder entlang mit Schwärze auf dem Holz vorgezeichneter Linien zersägt. Die Sägegrube in Bokrijk ist eine Rekonstruktion.

Auch beim Wiederaufbau der Getreidewassermühle aus Lummen-Rekhoven 29 hat man anderenorts Anleihen machen müssen. Der Walzstuhl (das ist der gesamte Apparat der Mühlsteine und ihrer Befestigung) stammt aus der *Rooiermolen* in Gruitrode, nachdem dort 1956 das Mühlrad zerbrochen war. Anderenorts können Sie die Technik derartiger Wassermühlen bis ins Kleinste nachlesen. Und in Bokrijk können sie ihr sogar mit eigenen Augen folgen, vom Wasser bis zum Mehl. Hier nur dies: Die Mühle aus Lummen gehört zum »unterschlächtigen« Typ, das heißt, das Wasser schlägt unten gegen die Schöpfbretter des hölzernen Mühlrads. Der Wirkungsgrad eines solchen Wasserrads ist eher gering, weil lediglich die Wasserkraft genutzt wird, welche die Strömung des Wassers auf die Schöpfbretter ausübt.

Im Licht des Vorhergegangenen erscheint es angebracht, die Wanderung durch die alten Kempen mit einer gewissen Frömmigkeit zu beenden. Wir beginnen mit einem eisernen Kruzifix aus Kaulille 30, das irgendwann im Lauf des 19. Jahrhunderts an einer Stelle zwischen Roermond und Diest errichtet wurde, an der ein Mord stattgefunden hatte. Man bezeichnete es als Sühnekreuz oder manchmal auch unumwunden als Mordkreuz – bezahlt übrigens von dem des Verbrechens Schuldigen. Wenn bei einem Leichenzug der Karren mit dem Sarg zu dem Kreuz gelangte, ließ man hier die Strohbüschel zurück, auf denen der Sarg ruhte, und trug ihn von dort aus auf den Schultern weiter. Ein Stück weiter gelangen wir zu dem Abguss eines überdachten hölzernen Kruzifixes 31, das im 19. Jahrhundert in Molenbeersel an der Grenze zu den Niederlanden errichtet wurde. Und falls Sie auch für den schelmischsten Müller noch Fürsprache im Himmel einlegen wollen, wenden Sie sich am besten an die Muttergottes in einer ihrer Kapellen aus Westmeerbeek 32, einem neoklassizistischen kleinen Backsteinbau aus dem Jahr 1845 mit einem Altar im Stil Louis-seize.

Zuletzt nach der Frömmigkeit das Vergnügen:

Ganz auf der anderen Seite der Kempen, nicht weit von der Erdbehausung von vorhin, kann der Besucher eine sogenannte *staande wip* (stehende Wippe) aus Booischot bewundern 33, das ist ein hoher, schlanker Baumstamm, dessen im Wind schwankende Spitze mit Federn geschmückt ist, die es herunterzuschießen gilt.

Durfte die Familie damals noch als unverbrüchliche Stütze der Gesellschaft gelten, so bildeten die Schützengilden einen der Grundpfeiler des Gemeinschaftslebens. Die frühesten zuverlässigen Quellen hierzu datieren aus dem 13. Jahrhundert. Ursprünglich fungierten die dörflichen Schützenvereine vermutlich als eine Art örtlicher Miliz. Sicher ist, dass sie mitunter militärische Aufträge ausführten, etwa bei der Verteidigung eines Dorfes. Sie feierten auch ihre eigenen Feste und pflegten ein eigenes Brauchtum rund um Hochzeit, Tod und Begräbnis. Sie standen ein für die Versorgung kranker Mitglieder und sammelten Gelder für die Witwen und Waisen. Sie hatten auch eigene Statuten und Reglements. Das galt bis zur Französischen Revolution, als die Schützengilden wegen ihres ständischen Charakters verboten wurden. Außerdem war den Franzosen ein eventuelles Netzwerk von geübten Schützen in einem von ihnen besetzten Gebiet natürlich ein Dorn im Auge.

Für manche Vereine bedeutete dies das definitive Ende. Andere wurden nach 1814 neu gegründet. Auch heute existieren noch sehr viele, und die Mitglieder kämpfen mit Bogen oder Armbrust um die Trophäe als Schützenkönig oder Schützenkaiser (daher die in den unterschiedlichsten Schreibweisen verbreiteten Familiennamen De Coninck und De Keyzer). Doch die Namen der Schützengilden selbst belegen, dass kein Besatzer sie mehr zu fürchten braucht. Die Schaukel aus Booischot ist übrigens ein Geschenk des Vereins *Ons Genoegen* (Unser Vergnügen) an das Museum.

Zur Information: Im ersten Stock des Pfarrhauses von Schriek (Nummer 16) können Sie eine schöne Sammlung silberner Trophäen und Schmuckketten aus der Welt der Schützengilden sehen.

EINE ANEKDOTE

Im Volksmund genossen Müller über Jahrhunderte einen üblen Ruf. Sie entlohnten sich nämlich dadurch, dass sie pro geliefertem Sack Getreide einige Schaufeln oder »Matten« des Mehls für sich behielten. Wie viel Mehl in die Mattenkiste des Müllers wanderte, wurde zweifellos in mehr oder weniger gemeinsamer Überlegung mit dem Kunden bestimmt. Aber offensichtlich fühlten sich nicht wenige Bauern nach der Bezahlung ums Ohr gehauen, denn es wimmelte in diesen Zeiten von Versen und Reimen, in denen der Müller rundheraus als Dieb und hinterhältiger Profitjäger beschimpft wurde. Von dem Sprichwort, dass man keinen Müllerhahn fände, der nicht gestohlenes Getreide fresse, gab es unzählige Varianten. Auch Weber und Schneider konnten den Verlautbarungen zufolge recht gewieft und geizig mit Garn und Stoff umspringen, aber der Müller schlug wirklich alles. Noch 1896 schreibt Alfons de Cock (in *Volkskunde, Tijdschrift voor Nederlandsche Folklore*, Gent, Jahrgang 9, S. 146): *»Besonders die Müller sind bis auf den heutigen Tag eine Zielscheibe des Volksspotts geblieben und werden beschuldigt, die Schaufel zu tief in die Säcke zu tauchen.«* Es muss sehr schlimm gewesen sein, denn es wimmelt im Niederländischen von Redensarten, für die die mehr oder weniger schrägen Praktiken der Müller Pate standen. Ein Beispiel: *»Wer den Sack hält, ist genauso schlimm wie der, der ihn füllt«,* will sagen: Der Hehler ist so schlecht wie der Stehler.

Einhaus-Wirtshaus aus Ulbeek

DER LIMBURGISCHE HASPENGAU UND DAS MAASLAND
DAS »FRUCHTBARE HÜGELLAND«

Selbstverständlich können Sie durch Bokrijk wandern, wie es ihnen in den Sinn kommt. Der Führer begleitet Sie mit Hilfe von Nummern und Farben. Doch wer sich mit dem Führer in der Hand möglichst entsprechend der vorgegebenen Gebäudenummerierung bewegt, wird sich paradoxerweise mitunter verloren vorkommen. So beginnt die Wanderung durch die Kempen am Schlosseingang und müssen Sie für eine Exkursion in den Haspengau – jedenfalls nach der Nummerierung – ein Stück zurück, genauer gesagt zum Haupteingang des Museumsgeländes. Das ist jedoch keineswegs nötig. Aber wer nach einem Besuch in den Kempen doch nicht gern den Haspengau von Nummer 25 bis zur Nummer 1 rückwärts durchschreitet, sondern lieber von Nummer 1 bis 25, dem sei empfohlen, erneut die Kirche von Erpekom aufzusuchen und dort den langen, geraden Weg fort aus den Kempen und in Richtung Haupteingang einzuschlagen. Von hier aus können Sie wieder bei Nummer 1 anfangend losgehen, diesmal in der grünen Steinfarbe.

Während das Kempener Dorf in Bokrijk in seiner Anlage von historischen Beispielen früher Kempener Ansiedlungen inspiriert ist, entschied man sich bei der Struktur des Haspengauschen Teils für die getreue Kopie eines existierenden Dorfes. Die Wahl fiel auf den Katasterplan des Dörfchens Ulbeek (heute ein Ortsteil von Wellen), wie es zur Mitte des 19. Jahrhunderts ausgesehen hatte. Um es gleich vorweg zu sagen: bis auf ein Haus stammen die Gebäude selbst nicht aus Ulbeek. Man hat lediglich die räumliche Ordnung des damaligen Dorfes kopiert.

Der Haspengau liegt in Mittelbelgien, südlich der Kempen, und erstreckt sich bis zu den Tälern von Maas und Sambre. Er zählt zu den fruchtbarsten Regionen Belgiens. Auch heute noch liegen große Bauernhöfe wie Perlen zwischen ausgedehnten Äckern und Weiden versteckt. Im Süden ist der Haspengausche Teil der Provinz Limburg trocken, sanft hügelig und weit, und durch Lehmschichten und Lößboden (in den Niederlanden auch als »limburgischer Lehm« bezeichnet) sehr für die Landwirtschaft geeignet. Die dortigen Bauernhäuser sind groß, die Dörfer klein, die Bebauung konzentriert. Der Norden, der sogenannte »feuchte Haspengau«, ist eine Landschaft voller Wasserläufe, Brunnen, Feuchtwiesen und Wälder, ideal für Viehzucht und Obstanbau.

Die Bauernhöfe im südlichen Teil des Haspengaus gehörten meistens zu einem Schloss, einer Abtei oder einer Komturei (dem Sitz des Komturs eines Ritterordens). Im Gegensatz zu den Kempen wurden die imposanten Hofkomplexe im südlichen Haspengau – und später auch die kleineren Bauernhöfe – häufig als Vierseithöfe angelegt: Wohnhaus, Scheune, Stallungen und Torgebäude sind um einen Innenhof gruppiert, wobei Ausnahmen (etwa ein alleinstehendes Wohnhaus) die Regel bestätigen.

Das Torgebäude aus Heers 1 ist ein Glück im Unglück. Es ist zusammengefügt aus zwei Wohnquartieren eines beeindruckenden Limburger Vierseithofes, der wegen der Verbreiterung der Autobahn Lüttich-Brüssel enthauptet werden musste; ein Schicksal, das nicht wenig Gehöften und Ländereien zuteil wurde, als man Belgien mit Beton und Asphalt durchäderte, um den Autos auf ihrem Vormarsch entgegenzukommen. Das Verkehrsministerium war jedoch so weise, den enteigneten Vorbau des Gehöfts 1957 dem Freilichtmuseum Bokrijk zu schenken, was Konservator Weyns in seinem *Ausführlichen Führer* dankbare Worte entlockte: »*Wir erhielten somit einen würdigen, angemessenen Zugang zum Haspengauschen Teil des Museums.*« Links neben dem Tor liegt das ursprüngliche Wohnhaus des Hofes, vermutlich aus der ersten Hälfte des 18. Jahrhunderts. Das Tor selbst und das Wohnhaus rechts gehören zu einem Umbau aus dem Jahr 1774, was in den Schlussstein der Torumrandung gemeißelt ist.

Ein Stück weiter steht noch ein Opfer der Verbreiterung der Autobahn von Lüttich nach Brüssel, diesmal aus Gelinden **2**. Das hübsche, einzellige Gebäude im Haspengauer Regionalstil – Backstein mit natursteinernen Einfassungen – war bis zu seinem Transport nach Bokrijk bewohnt, doch ursprünglich nicht dafür gedacht gewesen. Aller Wahrscheinlichkeit nach diente es vormals als Zollhaus und wurde als solches vermutlich im Jahr 1725 entlang der damaligen großen Straße von Lüttich nach Sint-Truiden erbaut.

Die Erhebung von Wege- oder Schrankengeld für die Benutzung von Straßen gab es schon in der merowingischen Zeit (um 430–751). Die Einziehung geschah durch Zöllner oder *Straßenmeister,* und der Ertrag sollte im Prinzip zum Straßenerhalt dienen. Was übrigens sehr notwendig war, denn durch tiefe Wagenspuren, Schlammlöcher und sonstiges Ungemach waren bis ins 18. Jahrhundert hinein selbst die großen Straßen zwischen den Städten schwer passierbar und mussten für schwere Ladungen leicht zehn bis zwölf Pferde eingesetzt werden. Hier in Bokrijk wandern Sie jetzt über eine mit sogenannten »Tienener Pflaster« befestigte Straße, eine Qual für hohe Absätze, aber ein Segen für den damaligen Frachtverkehr – falls dieser sich an das durch einen kaiserlichen Erlass des Jahres 1806 für jeden Wagentyp festgesetzte Höchstgewicht hielt. Erst nach Zahlung und Kontrolle, unter anderem auch der Spurbreite der Fuhrwerke, ging die hölzerne Schranke hoch. Die Schranke, die Sie hier sehen, ist die getreue Kopie eines Entwurfs aus dem Jahr 1723 für die erste Schranke in Gelinden.

In Höhe des großen Parkplatzes am Haupteingang hat man 1967 die damals gut 230 Jahre alte Wäscherei der Abtei *Ter Beek* aus Metsteren (Sint-Truiden) **3** wiederaufgebaut.

Zollhaus aus Gelinden

Sie wurde 1731 rittlings über den Melsterbach gebaut, eine praktische Methode, die es den Nonnen erlaubte, vor Regen geschützt und ohne allzu große Mühe in dem damals noch klarem Wasser die Wäsche sauber zu schlagen. Auch in Bokrijk wurde die Wäscherei mit Sinn für historische Sorgfalt über den *Kapellebeek* gebaut, jedoch dient sie jetzt als sanitärer Zwischenstopp.

Vorbei an einer Pfeilerkapelle des Jahres 1771 aus Klein-Gelmen **4** sowie einem Grenzstein, der ab 1553 die Rechtsgebiete von Zepperen und Sint-Truiden trennte **5**, gelangt der Besucher zu einer 1778 als Fachwerkbau errichteten Feldkapelle aus Kortessem **6**. Sollte eines Ihrer Kinder auf der Wanderung zufällig die Lust verlieren und das auch lautstark kundtun, dann können Sie an diesem *grinskapelletje* (flämisch *grinsen* = weinen) ein Stoßgebet zum Himmel schicken, denn schon vor langer Zeit kamen viele Mütter mit ihren allzu weinerlichen Säuglingen und Kleinkindern als Pilgerinnen hierher – mit wechselndem Erfolg.

Unsere Vorfahren riefen den Himmel bei nahezu jeglicher Art von Bedrohung und Unheil an, doch was die Bitte jenes primitiven Steinkreuzes ist, das einst entlang der alten Heerstraße in Diepenbeek stand **7**, ist unbekannt. Aus der um 1590 datierenden Inschrift des Kreuzes aus Velm **8** dagegen geht deutlich hervor, dass der Himmel sich der Seele eines frommen Mannes erbarmen solle, der AL DVER EEN MORDADIG WERCK, das heißt durch Mörderhand, ums Leben gekommen war.

4
5
6
7
8

Waschhaus der Abtei *Ter Beek* aus Sint-Truiden

9

Die *Contzenwinning* **9** zählt zu den frühesten Erwerbungen von Bokrijk. Sie wurde 1957 in dem damaligen Weiler Klein-Hoeselt angekauft, sorgsam abgetragen und in Bokrijk genau nach Plan wieder aufgebaut. Die *winning* (Gewinnung: limburgisch für Bauernhof) ist nach einem gewissen Bernard Contzen

Der Deutsche Orden entstand während des dritten Kreuzzugs im Jahr 1190 als Vereinigung der »Brüder des Liebfrauenhospitals der Deutschen in Jerusalem« und widmete sich der Betreuung der Pilger aus dem Heiligen Römischen Reich Deutscher Nation. Acht Jahre später wurde die Bruderschaft in einen Ritterorden umgewandelt, blieb jedoch ihrem von Papst und Kaiser sehr geschätzten seelsorgerischen und krankenpflegerischen Auftrag treu.

Der kleine Bauernhof, den wir jetzt als die Contzenwinning bezeichnen, gelangte schon 1241 zusammen mit der Domäne Damereis in den Besitz von Alden Biesen. Die vielen Wälder machten die Gegend wirtschaftlich besonders interessant. Das galt auch noch in den Tagen des Bernard Contzen, der den Auftrag hatte, sie Tag und Nacht zu bewachen, leere Stellen neu zu bepflanzen, den Holzverkauf zu regeln, sämtlichen Schaden an Bäumen, Holz und Wildbestand zu verhindern, Beute sowie Waffen von Wilderern zu beschlagnahmen und Gesetzesbrecher beim Landkomtur anzuzeigen. Auf Wilderei standen oft nicht geringe Strafen, doch die schwerste – zu Fuß nach Santiago de Compostela! – war auf die dringende Bitte des Försters hin den Holzdieben vorbehalten. Dies deutet nochmals darauf hin, wie wichtig die Holzproduktion damals war: Holz diente als Heizmaterial und als Brennstoff für Küchen, aber auch für den Bau von Häusern, Schiffen, Zäunen, Baracken, Grenzpfählen und vielem mehr.

Im Jahr 1789, mehr als fünf Jahrhunderte nach dem Erwerb von Hof und Domäne durch Alden Biesen, war es damit vorbei. Die Franzosen hoben den Deutschen Orden auf, veranschlagten die Güter der Landkomturei und verkauften die Wälder und den Holzvorrat. Willem Contzen, Sohn und Nachfolger sei-

---

Es wird dem Besucher mittlerweile aufgefallen sein, dass hier und anderenorts in Bokrijk die Betten nicht direkt auf die Durchschnittsgröße heutiger Westeuropäer ausgelegt sind. Unsere Vorfahren waren nun einmal von kleinerer Statur als wir. Noch im Jahr 1863 wurde in der belgischen Armee die Grenze für die »Ausmusterung *aufgrund mangelnder Körpergröße*« von 1,57 auf 1,55 Meter herabgesetzt, was in unseren Augen doch recht kleine Soldaten ergibt.

Zudem schlief man früher, unterstützt durch Kissen und Kopfkeile, in einer viel aufrechteren Haltung. Manchen Historikern zufolge taten die Leute das, weil flaches Liegen sie zu sehr an den Tod erinnert habe. Aber vielleicht tat man es auch, um leichter aufstoßen zu können. Denn nach einer durch die Bank schwer verdaulichen Mahlzeit krochen die Menschen damals, jedenfalls für unsere Maßstäbe, sehr früh ins Bett. Und was alle Eltern von Kleinkindern wissen: Ohne Bäuerchen gibt es keinen Schlaf.

Unsere Phantasie reicht nicht, uns vorzustellen, wie man früher die Nachtruhe erlebte. Bis ins 18. Jahrhundert schliefen die Menschen oft zusammen in einer gemeinschaftlichen Kammer und konnte von einer Privatsphäre keinerlei Rede sein. Selbst in Herbergen existierte die Gewohnheit, dass Fremde zueinander ins Bett krochen. Allerdings musste man einen sozial höher gestellten Mitschläfer fragen, auf welcher Seite des Bettes er lieber ruhen wolle.

In vielen Höfen stand das Bett einfach mitten im Wohnzimmer, ohne Alkoven oder schützende Vorhänge. Und die schmalen Alkoven, die seit dem 16. Jahrhundert Einzug hielten und besonders gegen die Stallwände gebaut wurden oder später auch zum offenen Kamin hin, boten gerade einmal Platz, um zu zweit dicht aneinandergedrängt oder nötigenfalls aufeinander zu liegen. Erst zur Mitte des 19. Jahrhunderts hin wandern die Betten in ein eigenes Schlafzimmer mit abschließbarer Tür. Und mit dem Umzug der Betten wandelte sich damals – auch durch kirchlichen Druck – die Sexualität von einer natürlichen Beschäftigung zum Tabu.

---

benannt, der 1765 zum Förster und Verwalter der Wälder in Beverst und Diepenbeek ernannt wurde, die zum Besitz der Landkomturei von Alden Biesen gehörten, dem Sitz des sogenannten Deutschen Ordens.

nes Vaters, war davon direkt betroffen, auch wenn er das Unheil für sich noch abzuwehren versuchte, und zwar »*in de hoogmisse onder de principaelste delen van de H. Misse seer vierig biddende*«, das heißt indem er »während des Hochamtes zu den bedeutendsten Teilen der Hl. Messe sehr feurig dafür betete«, er möge am Tag des Verkaufs krank sein. Doch sein Gebet sollte nicht erhört werden. Jedoch blieb die Familie Contzen dort noch bis in die Mitte des 20. Jahrhunderts wohnen.

Die Contzenwinning, die Sie in Bokrijk sehen, hat einige Umbauten hinter sich und datiert in ihrer heutigen Gestalt vermutlich teils aus dem 16. Jahrhundert (ein Stein im Dachgeschoss des Wohnhauses nennt die Zahl 1718) sowie aus dem 19. Jahrhundert. Die Gebäude sind nicht in der klassischen südlimburgischen Vierseiterform angeordnet, sondern frei um einen Misthaufen herum aufgestellt.

Doch vor allem das Innere des bäuerlichen Wohnhauses ist interessant, und zwar aufgrund des Kontrasts zwischen der Wohnung des Pächters und der des Eigentümers. An der Nordseite hatte man nämlich rechtwinklig zum Wohnhaus eine unterkellerte Zweizimmerwohnung angefügt, wo beispielsweise der Verwalter der Domäne übernachten und zum Essen und Trinken kommen konnte, wenn die Zeit zum Eintreiben der Pacht gekommen war. In der Kammer des Pächters: Um einen bäuerlichen Tisch schlichte Stühle aus Ulmenholz mit hölzerner Sitzfläche. Im Zimmer des Gastes: Um einen schönen, runden Tisch zierliche Stühle in schwarz gefärbtem Buchenholz, mit Sitzflächen aus fein geflochtenem Rohr. Dazu verfügte der Herr von Stand auch noch über ein Bett im Empirestil sowie diverse Gegenstände feinerer Machart als beim Pächter, ganz zu schweigen von der relativen Exklusivität

seiner Toilette, die an der Wand des Schlafzimmers aufgehangen ist und durch die der hohe Herr seine ehrenwerten Ausscheidungen direkt in eine Tonne außerhalb der Wohnung befördern konnte.

Rückseite der *Contzenwinning* aus Klein-Hoeselt

Inneres der *Contzenwinning* aus Klein-Hoeselt

»Appartement« in der *Contzenwinning* aus Klein-Hoeselt

Über das *Taubenhaus* **10**, einen imposanten Vierseithof aus dem Weiler Bernissem (Sint-Truiden), veröffentlichte die Zeitschrift *Ons Heem* des Jahres 1971 (Nr. 25) eine detaillierte Beschreibung. Der Autor endet wie folgt: »*Weil dieser große Bauernhof durch neue Ackerbauverfahren, aber auch durch den bedauerlichen Rückgang des Ackerbaus immer weniger instandgehalten werden konnte, verfiel er in den vergangenen Jahren zusehends und wäre wohl rettungslos verloren gegangen, wäre er nicht in ein Freilichtmuseum aufgenommen worden. Kürzlich kam es zu einer Übereinkunft zwischen dem Besitzer und dem Freilichtmuseum in Bokrijk. Die wunderbare südlimburgische ‚winning‘ konnte angekauft werden und wird zweifellos ein Prunkstück in der haspengauschen Landesecke des Freilichtmuseums sein.*«

Der Autor hat nicht übertrieben. Die strenge, fast geschlossene Anordnung um einen zentralen Innenhof und das selten hohe Wohnhaus machen das alte Taubenhaus von Bernissem zu einem dominanten Element in der Landschaft. Im Jahr 1663 und später – die Jahreszahl ist in den Mauerankern des Wohnturms zu lesen – dominierte der Hof eindeutig auch in sozialer Hinsicht, insbesondere durch sein Taubenrecht (vgl. das *Hooghuis* aus Tessenderlo, 12.1, in den Kempen) und die Tatsache, dass kleinere Pächter aus der Umgebung ihre Ernte dort lagern durften. Der älteste Kern des Komplexes befindet sich jedenfalls im Wohnturm, wo

auch noch die Fluglöcher des Taubenschlags zu sehen sind. Der niedriger gelegene Teil des Wohnhauses wurde im 18. und 19. Jahrhundert gründlich umgebaut. Dort befinden sich die Schlafzimmer, daneben der Pferdestall und der Kuhstall.

Ein interessantes bauliches Detail: Die hölzerne Fachwerkkonstruktion der großen und kleinen Scheune ist nicht wie gebräuchlich mit Lehmflechtwerk ausgefüllt, sondern mit gemauertem Backstein. Derartige Fachwerkbauten verbreiteten sich stark in der Gegend von Voeren *(Voerstreek)* und in den Ardennen, allerdings verwandte man dort Natursteine anstelle von Backstein. In Limburg war die Verwendung von mit Backstein ausgemauertem Fachwerk in jedem Fall ein Zeichen von Reichtum. Wer sich diesen Luxus erlauben konnte, ersparte sich die jährlich wiederkehrenden Reparaturen der Lehmgefache.

Wenn Sie am Taubenhaus auf dem Absatz umkehren und anschließend links abbiegen, kommen Sie an einem 1684 angefertigten Grenzstein aus Beverst **11**, einem von sechs im Jahr 1685 aufgestellten Grenzsteinen, die das Land zwischen Hoeselt und Beverst optisch sowie rechtlich voneinander trennen sollten, nachdem das St.-Lambertus-Kapitel der Kathedrale von Lüttich die Verwaltung von Hoeselt vom Deutschen Orden in Alden Biesen übernommen hatte. Auf dem Stein sind das Wappen des Prinzbischofs Maximilian

Taubenhaus aus Sint-Truiden-Bernissem

von Bayern zu sehen sowie zwei
Ankürzungen, die für die Muttergottes beziehungsweise den heiligen Lambertus stehen.

Die achteckige Marienkapelle **12**
kurz hinter dem Grenzstein wurde
um 1700 erbaut und kommt genau
wie die Wäscherei von vorhin aus
der Abtei *Ter Beek* in Metsteren. Ein
Fall von brüderlicher Integration,
denn die Turmglocke stammt aus

Blick auf die Turmmühle aus Schulen

der St. Antoniuskapelle von Bree (1769) und der kleine Altar in der Kapelle ist ursprünglich ein Seitenaltar aus der Kirche von Erpekom (vgl. 20, in den Kempen).

Auch in den kleinen, einfachen und oft armseligen Tagelöhnerbehausungen – wie dieses weißgekalkte, aus dem 19. Jahrhundert stammende Exemplar aus Kortessem **13** – wiederholt sich die typische

Liebfrauenkapelle aus Metsteren

Grundeinteilung der südlimburgischen Wohnhäuser. Durch ein schmales Portal (das auch als winzige Dreschdiele diente) gelangt man in die Küche und die Stube, die hier mit einem um 1900 von einem Schreiner in Genk angefertigten Mobiliar ausgestattet ist. Es ist eines dieser Häuschen, die sich Städter mittlerweile gern als Feriendomizil zulegen, in denen es aber früher nie Ferien gab. Gut also, dass eines davon stumm und unverkäuflich in Bokrijk steht.

Aus dem Dörfchen Beverst **14.1** verbrachte das Museum ein kleines Anwesen hierher, das schön demonstriert, wie man in Südlimburg allmählich zur Form des Vierseithofs gelangte. Wohnhaus und Scheune stecken unter einem Dach und datieren aus dem Jahr 1783.

Landarbeiterwohnung aus Kortessem

Mehrdachhof aus Beverst

Gegenüber vom Wohnhaus steht der Kuhstall, dessen Türsturz uns das Entstehungsjahr 1847 verrät. Parallel zum Kuhstall baute man anschließend das Backhaus, und zuletzt wurde das Karree durch eine Reihe von Schweineställen an der Südseite abgeschlossen. Im Garten des Hofs hat man zusätzlich einen kleinen Bienenstand aus Alken wiederaufgebaut **14.2**.

Noch eine duftende Besonderheit: Wie meist in derartigen Bauerngehöften gibt es auch hier auf dem Innenhof einen offenen Misthaufen. Anders als in den Kempen, wo der Mist in etwa der kostbarste Besitz des Bauern war und bis zum letzten Tropfen im Tiefstall gesammelt wurde, sickerte auf den Höfen des Haspengaus die überflüssige Feuchtigkeit aus dem Mist einfach unter der Eingangspforte hindurch auf die Straße. Das Land war hier fruchtbar genug, also kam es auf die Düngung nicht so genau an. Es wird den Leser nicht wundern, dass diese Bauern, auch wenn sie nicht so sehr gut dastanden, von weniger begüterten und gewiss von Kempener Kollegen als *reiche Stinker* bezeichnet wurden. Dieser Ausdruck ist inzwischen zur Redewendung geworden, doch die meisten Menschen haben längst vergessen, weshalb die von ihnen so titulierten Reichen denn wohl so stinken.

Aus dem Dörfchen Ulbeek bewahrt das Museum ein langgestrecktes Einhaus-Wirtshaus in Fachwerktechnik, das aus dem 17. Jahrhundert stammt **15.1**. Genau wie damals sind die Speisen,

Getränke und Spiele, die man heute geboten bekommt, typisch für den Haspengau. Auch die Einrichtung des *De Kleinaert* – genannt nach der Stelle in Ulbeek, wo das Haus gut drei Jahrhunderte lang gestanden hat – ist die einer volkstümlichen Haspengauer Kneipe aus der Mitte des 19. Jahrhunderts. Wohn- und Wirtschaftsteil befinden sich unter ein und demselben, teils mit Dachpfannen und teils mit Reet gedeckten Dach. Im niedrigeren Teil befinden sich die Scheune, die Stallung und ein Teil der Küche, die gleichzeitig als Schankraum diente. In Höhe des Dachgebälks hat man in der Hälfte der Küche ein zusätzliches Stockwerk eingezogen. Im Wohnteil erkennt der Besucher das typische Vestibül (auch *nere* genannt), von wo aus der rückwärtige Teil und die Wohnräume zugänglich sind, in diesem Fall die Küche/der Schankraum und die gute Stube. In die Küche münden ein Alkoven und ein kleines Schlafzimmer. Im zweiten Schiff an der Nordseite befinden sich die Vorratskammer und die Melkkammer. Ein Kuhstall und eine Scheuer runden das Ganze ab. Und angrenzend an den Garten hat man in Bokrijk noch einen kleinen Schweinestall aus dem *Pachthof* aus Kozen-Kortenbos gesetzt **15.2**.

Einhaus-Wirtshaus aus Ulbeek

Inneres des Wirtshauses aus Ulbeek

Inneres der Landarbeiterwohnung aus Kortessem

Dorfplatz aus Ulbeek mit Blick auf die Kapelle aus Zepperen

Neben dem Ulbeeker Hof steht die barock aufgetakelte Kapelle der *Natte Bampt* (oder beemd = nasse Weide, Gemeinschaftsweide) aus Zepperen **16**. Sie wird bereits um 1480 erwähnt, doch in ihrer heutigen Gestalt datiert sie aus dem Jahr 1736. Imponierend ist insbesondere die Kanzel, deren »Himmel« als Schalldeckel und Klangverstärker fungierte. Wie bei der Kirche im Kempenschen Erpekom (von der sich in dieser Kapelle übrigens ein Altar befindet) hat man auch um diese einen kleinen Kirchhof angelegt, und zwar diesmal passend mit Grabkreuzen aus dem südlichen und mittleren Limburg. Und das Merkwürdige ist: Wie man in Bokrijk oft mit einer gewissen Scheu in eine Küche tritt oder hinter die Vorhänge eines Alkovens lugt, so als könnten die Bewohner jeden Augenblick auftauchen, so erfährt man hinter den Kreuzen auch von ihrem Tod. Doch begraben liegt niemand unter den Kreuzen.

Spijker aus Diepenbeek

Kapelle der *Natte Bampt* aus Zepperen

Vom Kirchhof aus können Sie ihn schon erkennen: Einen Speicher (*spijker* oder *spieker,* vom spätlateinischen *spicarium* = Vorratskammer). Ich persönlich würde um keinen Preis in einem solchen Spieker wohnen wollen. Aber vor Jahrhunderten riskierte man das: Gewohnt wurde ebenerdig, während die Speicheretage unter dem Gewicht des gelagerten Getreides ächzte. Der aus dem 16. oder 17. Jahrhundert stammende *Spijker* aus Diepenbeek **17** verdankt nicht nur seine elementare physische Schönheit, sondern auch seine massige Sicherheit der ebenso geringen wie zweckmäßigen Auskragung zwischen Speicher und Erdgeschoss. Auf den vorragenden Balken liegen noch weiter vorstehende Platten, auf denen die Pfosten der Speicherwände stehen. Über Strebebalken wird der Druck dieser Pfosten schräg an die Wandpfosten des Unterbaus abgegeben. Sehr geschickt, denn ohne diesen Druck von außen würde das Gewicht der Getreideernte die unteren Wände einfach auseinander drücken. Wohnen unter der Ernte – für mich ist dieser Speicher ein faszinierendes Wahrzeichen in der Landschaft von Bokrijk.

Ebenfalls faszinierend, wenn auch aus einem völlig anderen Grund, ist der Kindervorschule aus dem limburgischen Weiler Hoeselt **18**, wo Anna-Maria Geridts von 1905 bis 1933 als letzte Lehrerin das Zepter schwang und ihre Kinder spielerisch auf die Grundschule vorbereitete, in der sie lesen, rechnen und schreiben lernen sollten. Die Vorschule wurde 1886 errichtet und trägt an der Klassenwand noch Spuren dieser sehr unitarischen Periode Belgiens, in der die als *Het Nationaal Lied* bezeichnete Nationalhymne die Kinder aufsagen ließ: »*Nie wird man uns ein Körnchen Grund entringen, Solang' ein Belgier, Wallone oder Flame, lebt*«. Ein lobenswerter Vorsatz, der sich spä-

Blick auf den *Spijker* aus Diepenbeek, die Dorfschule aus Hoeselt und die Kapelle aus Zepperen

Dorfschule aus Hoeselt; im Hintergrund die Kapelle aus Zepperen

ter jedoch zeitweilig als Illusion erwies.

Die Dorfschule aus Hoeselt ist vielleicht die einzige noch erhaltene flandrische Dorfschule in Fachwerktechnik. Nur die Vorderfront wurde später durch eine Backsteinmauer ersetzt. Doch aufregend ist es vor allem im Klasseninnern. Leute, die vor oder nicht lange nach dem Zweiten Weltkrieg die Vor- oder Grundschule durchlaufen haben, fühlen sich hier mit einem Schlag um ein halbes Jahrhundert zurückversetzt. Rekonstruiert nach Angaben ehemaliger Schüler steht und liegt hier noch alles so da, als seien die Kinder gerade in der Spielpause. Die zweisitzigen Schulbänke, das Pult für den Lehrer oder die Lehrerin, die Tafel, die Kreide, der Schrank, die hölzernen Schulranzen aus Vorkriegszeiten mit ihren Schiebedeckeln, der Kanonenofen, alles scheint bereit für den Unterricht, und an der Wand hängen auch noch die einsilbigen Leseübungen. Der ältere Besucher wird hier eine gewisse Nostalgie nicht unterdrükken können, und auf jüngere Besucher wirkt das 20. Jahrhundert hier wie eine Zeitform der Vorvergangenheit.

Gänzlich unzeitgemäß ist die wohl sehr häusliche Besonderheit, dass die Lehrkraft auch in der Schule wohnen und schlafen konnte. So auch in Hoeselt. Viel an Wohnkomfort darf man sich dabei nicht vorstellen: Ein Tisch, ein Koffer, einige Stühle und ein Bord für Geschirr in der Küche; ein Bett im ländlichen Empirestil, ein Kleiderschrank und eine Bretterkiste im Schlafzimmer. Und das königlichste Stück: ein Löwener Ofen, der gleichzeitig als Kochherd diente.

Bis 1928 sorgte Marieke Geridts hier für eine Vorschulklasse von durchschnittlich dreißig Kindern. Dann jedoch tauchte Lehrer Gielen mit den Grundschulkindern auf, so dass die Lehrerin für mehr als ein

Auf dem Spielplatz amüsierten sich die Mädchen beim Seilspringen und die Jungen beim Tauziehen, ansonsten wurde mit Murmeln, Bikkeln (Knochen), Kegeln und Kreiseln gespielt, Aktivitäten, die in Bokrijk übrigens nach wie vor für Kinder organisiert werden. Und da Sie ohnehin schon auf dem Spielplatz sind, sollten Sie auch gleich einen Blick in die Toilette der Lehrerin werfen (bei äußerster Dringlichkeit direkt vom Klassenzimmer aus zugänglich!) sowie in das Örtchen für die Kleinen, das von der Art ist, für die man in den Niederlanden das Wort *Mehrpersonenplumpsklo* erfunden hat. Auch heute noch sitzen Kleinkinder in Vorschulen und Kindertagesstätten oft auf ihren WC-Schüsselchen in einer Reihe. Doch seit der Erfindung des modernen, an die Kanalisation angeschlossenen Wasserklosetts in England legten die Erwachsenen zunehmend Wert auf eine gewisse Ungestörtheit bei dieser täglichen Beschäftigung. Dennoch ist die Merhpersonenlatrine hier und da noch immer in Gebrauch, unter anderem im ländlichen Skandinavien.

Derweil streuten die Bauern den eigenen und den Mist der Tiere schon seit Jahrhunderten wie einen Fruchtbarkeitssegen über das Land. Doch es hat lange gedauert, bis man sich der Gefahren bewusst wurde, die das mit sich bringt. Die mit Mikroorganismen verseuchte Jauche rann oft in Wassergruben in der Nähe und konnte so Typhus und das sogenannte Senkgrubenfieber verursachen. Auf dem Innenplatz des Bauerngehöfts aus Beverst (Nummer 14.1) kann der Besucher mit eigenen Augen feststellen, wie sorglos nahe man die Wassergrube an den Misthaufen baute. Das kam daher, dass man damals glaubte, Infektionen würden durch den Gestank verursacht, während die tatsächlichen Verantwortlichen – Bakterien – erst im 19. Jahrhundert entlarvt wurden.

Jahr mit ihren Schützlingen in die Wohnräume umziehen musste. Nach ihrer Pensionierung blieb die alte Dame bis zu ihrem Tod im Jahr 1969 in der Schule wohnen. Sie wurde annähernd 102 Jahre alt.

Klassenzimmer der Dorfschule aus Hoeselt

Das *Paenhuys* aus Diepenbeek

Das würdevolle, recht stämmige und mit einem schweren Kranzgesims versehene *Paenhuys* aus Diepenbeek **19** stammt vermutlich aus dem 17. Jahrhundert. Und weil *paanhuis* oder *pannehuis* ein anderer Name für Brauerei ist, hat man darin in Bokrijk mit fachkundiger Hilfe das Innenleben einer handwerklichen Brauerei aus Hoegaarden ausgestellt. Liebhaber können hier den zunftgemäßen Weg vom Malz zum Bier und vom Braukessel zum Hefebottich rekonstruieren. Bis zur Französischen Revolution waren die Biertrinker aus Diepenbeek durch eine Verordnung verpflichtet, ihr Bier in diesem Paenhuys zu kaufen oder brauen zu lassen, so dass die Lokalherren eine direkte Kontrolle über die Biersteuer ausüben konnten. Der

Import von Bier war übrigens in verschiedenen Herrschaften verboten, es sei denn, die Fässer passierten den lokalen Steuerkontrolleur.

Auf der gegenüberliegenden Straßenseite sehen Sie die Rekonstruktion eines kleineren Bauernhofes, zusammengepflückt im nördlichen Teil des Haspengaus: ein Wohnhaus aus Kortessem **20.1**, einen Schweinestall aus Schakkebroek **20.2** und ein Backhaus aus Zolder-Viversel **20.3**. Ein seltenes Mal ist das im 18. oder Anfang des 19. Jahrhunderts gebaute Häuschen nicht auf die klassische Art in Küche und Stube unterteilt. Die Küche liegt in der Mitte, und von hier aus gelangt man in die Vorratskammer sowie zwei kleine Schlafzimmer. Das Innere ist mit fast rührender Hingabe so eingerichtet, wie es dem letzten Bewohner zufolge um 1890 ausgesehen hat: ein großer Kamin, ein einfacher Tisch mit Sitzbank, ein volkstümlich verzierter Speiseschrank, hier und dort einiges Anekdotische. Im Vestibül des Hauses hängt die Fotografie des letzten Eigentümers und Bewohners. Sein Name war Jan Claesen. Der Mann starb 1955, nicht ganz zwei Jahre, nachdem er seinem Haus Lebewohl gesagt hatte mit einem Abschiedsgruß, in dem er Bruchstücke eines Gedichts verarbeitete, das er in der Schule gelernt hatte.

Es folgt eine etwas holprige Übersetzung:

»Abschiedsgruß an mein altes Haus, das ich vom 25. März 1874 an bewohnt und am 7. November 1953 verlassen habe.
War meine Wohnung auch nicht groß, sie diente mir doch in der Not.
War sie auch noch so schlecht und arm, doch hielt mich ihre Esse warm.
Meinen Sinnen galt sie mehr als ein Palast in aller Ehr'.
Und das halt' ich wunderfest. Denn große Säle große Last.
Und wie man allenthalben find't: Ein hoher Turm fängt hohen Wind.«
Große Säle, große Last. Oder wie der kleine Mann sich an dem Gedanken aufrichtet, dass Geld allein nicht glücklich macht.

Wohnhaus aus Kortessem

Inneres des Wohnhauses aus Kortessem

Einhaus aus Sint-Martens-Voeren

Grenzstein aus Hasselt

Am Ende des Weges neben dem Haus von Jan Claesen begegnet man einem Bauernhof aus der Voerstreek, erbaut um 1700 **21** und gut 250 Jahre später zusammen mit der letzten, einsamen und menschenscheuen Bewohnerin erloschen. Der Hof ist ein perfektes Muster der örtlichen Bautechniken der damaligen Zeit. Die Stirnseite des Hauses besteht aus Fachwerk, in diesem Fall aus stabilen Eichenbalken, die zusammen ein Raster kleiner Gefache bilden, hier und dort für Fenster ausgespart. Vergleichbare Techniken finden wir auch im Maasland, der Gegend um Eupen und Malmedy, dem Rheinland und der niederländischen Provinz Limburg. Exklusiv für die Voerstreek, jene flämische Exklave im wallonischen Teil Belgiens, jedoch sind die in Silex (oder Feuerstein) gebauten Seiten- und Hinterfronten. In Sint-Martens-Voeren lag das Bauernhaus nämlich auf einem Lehmplateau oberhalb eines kreidehaltigen Tals, und durch das Spiel der Bodenerosion wurde im Tal der Feuerstein freigelegt. Auf den Hügeln war außerdem genügend Holz vorhanden, so dass Feuerstein und Holz die wichtigsten Baumaterialien der Voerstreek wurden.

Falls Sie sich einmal in jener wunderbaren Landschaft von Voeren aufhalten, sollten Sie (außer einem der vielen Restaurants in Fachwerkbau und Silex) auch das Plateau von Sint-Martens-Voeren besuchen, wo Sie – in geringer Entfernung zu der Stelle, an der das Bauernhaus in Bokrijk stand – an den höchsten Punkt Flanderns gelangen, sage und schreibe 287,5 Meter über dem Meeresspiegel!

Gegenüber des Hauses von Jan Claesen stehen eine Pfeilerkapelle aus Brustem **22** und ein steinernes Unglückskreuz aus Veulen **23**, dem sie die Neuigkeit des Jahres 1791 entnehmen können, dass Frau Lucia Greven, Witwe des seligen Mathys Thevis, dort (das heißt, irgendwo entlang des Wegs in Veulen) jäh »DOODT GEBLEVEN« ist. Noch auf derselben Seite, Richtung Kempen, wird ein mit einem Wappen versehener Grenzstein aus dem Jahr 1666 **25** bewahrt, auf dem der »durchlauchtige« Prinzbischof Maximilian Heinrich von Bayern die Zonhovener mit Leibstrafen bedrohte, wenn sie es wagten, ihr Vieh auf den Hasselter Weiden auf der anderen Seite des Wegs grasen zu lassen. Stacheldraht war noch nicht erfunden, Leibstrafen noch nicht abgeschafft.

Hier ganz in der Nähe stand früher eine achteckige, im 18. Jahrhundert erbaute und innen mit Stütz- und Querbalken versehene Turmmühle aus Schulen **26**. Weil sie jedoch nicht genug Wind fangen konnte, blieben die Flügel still. Um der Mühle in die Lage zu versetzen, bei windigem Wetter doch noch ihre Mahlkünste zu demonstrieren, wurde sie erneut abgerissen und auf einem Hügel an der anderen Seite wieder aufgebaut, schräg gegenüber der Kapelle von Ter Beek.

Bei diesem Mühlentyp (mitunter auch leichthin als *Kaffeekannenmühle* bezeichnet) kann nur die Haube nach dem Wind gedreht werden, was über ein System von Balken geschieht, die von der Spitze bis zum Boden reichen und mit dem Drehmechanismus verbunden sind. An anderer Stelle können Sie über die Mechanik einer solchen Mühle unter anderem noch erfahren, dass *»das Stirnrad der Königswelle über kleinere Getrieberäder die Klüver antreibt, durch deren Aus- und Einrücken die einzelnen Gänge wahlweise benutzt werden können«* und dass *»die Lojerie über ein Hilfsgetriebe bedient wird, dessen eines Rad unter dem Kronrad auf der Königswelle festgekeilt ist«* – doch ich vermute, dass die wahren Liebhaber das bereits wussten und verweise alle Anderen im Zusammenhang mit technischen und baulichen Besonderheiten gern auf das Literaturverzeichnis am Ende des Buches.

BRABANT

Auch Brabant liegt im »fruchtbaren Hügelland« und bietet verschiedene Kulturböden, die einstmals von großen Abteien (Nivelles, Grimbergen, Affligem) sowie deren Pächtern bewirtschaftet wurden.

Auch in Brabant wurden Höfe gebaut mit allem und jedem unter einem einzigen langen Dach, ebenso wie Gehöfte mit freistehenden Gebäuden und insbesondere große, als geschlossene Vierseiter angelegte Pachthöfe. Im Pajottenland und im Hageland können Sie übrigens heute noch hinreißende Exemplare bewundern.

Die brabantische Ernte von Bokrijk jedoch bleibt (vorläufig?) beschränkt auf den Sockel eines einsamen Taubenturms aus Eppegem (Zemst) **27**, stammend von dem Schlossbauernhof des Gutes *Indevelde*, wo er zwischen 1624 und 1627 mitten auf dem Anwesen errichtet wurde. Der Turm selbst fehlt. Sonst hätten Sie die Fluglöcher für die Tauben bemerkt. Und dass es Tauben waren, wird man in Eppegem gewusst haben, denn der Turm zählte nicht weniger als 1.100 Taubenverschläge.

Sie finden die Überbleibsel jenes Taubenpalasts von einst, wenn Sie an der Mühle aus Schulen im Haspengau (vgl. 26) in Richtung Alte Stadt gehen.

Backhaus aus Loppem

Weil meine eigenen Wurzeln in ostflämischen Meetjesland liegen, stimmt es mich ein wenig traurig, dass aus diesem wundersam flachen Polderland in Bokrijk keine Zeugen zu finden sind. Doch es gibt mildernde Umstände, die dies erklären. So lag es nahe, dass das Augenmerk der Erbauer von Bokrijk zuallererst auf ihre eigene, ihnen vertraute Wiege fiel, das heißt auf Limburg, sowie danach auf angrenzende und in vielerlei Hinsicht verwandte Kulturlandschaften wie große Teile des Haspengaus und die Antwerpener Kempen. Außerdem verfügte der Konservator Weyns offenbar über bessere Verbindungen in West- als in Ostflandern. Mit einer großen Wohnhaus, ein paar Deichhäusern, einer Scheune und einigen Lagerräumen kommt Ostflandern hier jedenfalls nicht sonderlich gut davon.

Nicht sonderlich gut, aber längst nicht unehrenhaft. Denn trotz meines lokalpatriotischen Reflexes von vorhin kann ich die Wanderung durch Ost- und Westflandern nur wärmstens empfehlen. Mehr noch: Durch die sehr verstreute Lage der Bauernhäuser, die vielen unbebauten Stellen dazwischen und die Tatsache, dass Sie durch Wälder müssen, um zu diesem Teil der Museumsdomäne zu gelangen, ist das »fruchtbare Tiefland« als Spaziergang vielleicht der angenehmste des gesamten Freilichtmuseums. Im Gegensatz zu dem Kempener und Haspengauer Teil hat man hier keine zentralisierte Ansiedlung gebaut, sondern liegen die Häuser, Scheunen und Stallungen in angenehmer Spazierentfernung in der Landschaft verstreut. Nirgendwo in Bokrijk können Sie so gut durchatmen wie hier.

In Ost- und Westflandern bauten die Bauern vor allem Höfe mit freistehenden Elementen, manchmal in U-förmiger Anordnung, manchmal als Vierseithöfe um einen Innenplatz gruppiert. Der eine Hof war von einem ringförmigen Wassergraben umgeben, ein anderer eingefasst von einem Spalier aus Buchen oder Weißdorn, meist in Kombination mit Kappweiden. Auch das Einhaus kommt vor, es unterscheidet sich jedoch von dem Kemper in Bautechniken, Einteilung und Größe. Die Baumaterialien sind von Gegend zu Gegend sehr unterschiedlich: Viel – an Nordfrankreich und Südengland anknüpfendes – Fachwerk in der Westhoek und in manchen Teilen Ostflanderns, überwiegend Backsteinmauern in den Poldern von Brügge und Antwerpen sowie in großen Teilen Westflanderns.

Im Türsturz sind die Jahreszahl 1771 sowie die Buchstaben PB erkennbar, die Initialen des Bauherrn. Das Gehöft des Petrus Bouquet **1.1** in Abele (Poperinge) lag nur einige Meter von dem entfernt, was man im dortigen Dialekt *de schreve* (die Linie) nennt, das heißt die Grenze zu Frankreich. In der Umgebung begreift niemand, weshalb das Haus unter dem Namen *Het Paddekot* bekannt war – was so viel wie »Krötenstall« bedeutet; vielleicht war es die Verballhornung eines französischen Namens –, doch jeder wird verstehen, weshalb man auch von *Hommelhofstede* sprach. Mindestens seit dem 16. Jahrhundert steht das Wort *Hommel* für Hopfen, und die Gegend um Poperinge ist bekannt für den dessen Anbau.

Das war harte Arbeit, und zwar nicht nur auf dem Feld. Besonders das Wenden des Hopfens auf dem Trockenboden war höllisch anstrengend. Die Lohnarbeiter mussten oft elf bis dreizehn Stunden lang gebückt und in Rauch und erstickender Hitze arbeiten, bis der Hopfen gänzlich trocken war. Die Feuerung des Trockenofens wurde ganz passend als »Hölle« bezeichnet (und der Herbststurm, der die Hopfenranken niederwarf, hieß *hopduvel* oder Hopfenteufel).

Doch in Bokrijk liegt das Haus aus Abele ganz friedlich und müßig da.

Ein eigentümliches Detail ist, dass im Haus lediglich die Küche und nicht die Stube beheizt wurde, denn aus anderen örtlichen Beispielen weiß man, dass sich zwischen

Wagenschuppen aus Ardooie

Backhaus aus Watou

Stuben- und Küchenwand fast immer ein doppelseitiger Kamin befand. Der auffälligste Raum des Hauses ist jedoch womöglich der Keller. Dieser ist nicht nur besonders groß, sondern er hat sogar Fenster. Er diente als Lagerraum für Nahrungsmittel und vermutlich auch als Webzimmer. Ein trockener Keller somit. Genau wie in vielen Wohnhäusern der Kempen und des Haspengaus baute man früher auch hier die Keller immer über dem Grundwasserspiegel. So entstanden die niedrigen, trockenen Keller mit ihren etwas höher gelegenen *opkamers* (Zimmern im Halbgeschoss); eine praktische Lösung, wenn es darum ging, sämtlichen Raum optimal zu nutzen.

In der zweiten Hälfte des 19. Jahrhunderts wurden in dieser Gegend fast alle Fachwerkställe durch Baksteingebäude ersetzt. Der Stall aus Oostcappel **1.2**, der genau jenseits der Grenze in Frankreich stand und etwa aus der Mitte des 19. Jahrhunderts datiert, ist einer der letzten erhaltenen Ställe in Fachwerktechnik und umfasst einen Kuhstall, einen wiederhergestellten Pferdestall aus dem 18. Jahrhundert und einen Wagenschuppen. Eine nette Besonderheit: In den Zugbalken am Dach hat ein Pferdeknecht, ein gewisser I.F. Coolen, seinen Namen und dazu ein Blumenmotiv geschnitzt. Der Mann hat in dem Stall geschlafen und wollte ihn auf diese Weise auch nach außen hin als sein Domizil kennzeichnen.

Zu diesem prächtigen Hofkomplex gehört noch eine seltene Fach-

werkscheune aus dem westflämischen Proven **1.3**, die wir anhand einer Graffiti auf den Pfosten der Dreschdiele ins frühe 17. Jahrhundert datieren können. Die aus Lehm gebaute Dreschdiele liegt quer zur Längsachse des Gebäudes und war mit Brettern abgeteilt, die verhindern sollten, dass verirrte Getreidekörner beim Dreschen wieder im Lagerraum landeten.

Das Dreschen mit der Hand war zweifellos kein Vergnügen für die Lungen. Wirklich barbarisch jedoch war das Los der Arbeiter am Trokkenofen für den Hopfen, *hommelkete* oder »Hopfenbude« genannt. In dem Exemplar aus Proven **1.4** sehen Sie auf den Ofenwänden einen geschlossenen Luftkanal in Form einer umgekehrten gestutzten Pyramide stehen. Diese Konstruktion führte die Heißluft nach oben, wo der Hopfen in zwanzig bis dreißig Zentimeter dicken Schichten auf einem Rost ausgebreitet war und regelmäßig gewendet werden musste. Das Gebäude hat keinen Schornstein; mit anderen Worten: Es war ein Inferno.

Auch in dem Backhaus aus Watou **1.5** war es bestimmt ordentlich heiß, jedoch steht hier zumindest ein Schornstein auf dem Ziegeldach. Die Wagen, der dreirädrige Karren, die Leitern, Eggen und Pflüge schließlich fanden Platz in einem Wagenschuppen wie diesem wohlbehüteten Exemplar aus Leisele **1.6**.

Doppelwohnhäuser wurden ursprünglich von Landarbeitern bezogen. Aus den meisten jedoch wurden später Einfamilienwohnungen. Das Doppelhaus aus Oostvleteren **2.1** datiert vermutlich aus der zweiten Hälfte des 18. Jahrhunderts. Der frühere Konservator Weyns irrte sich, als er das Gebäude nach der Inschrift ANO XVeVIJ (= 1507) auf einem Balken in der Stube datierte. So jubelte er in seinem *Ausführlichen Führer*, dass *»dieses Häuschen nicht nur das älteste erhaltene Lehmbauernhaus in Westflandern und dem gesamten flämischen Land ist, sondern auch, soweit bisher bekannt, der gesamten Niederlande.«* Leider ergaben weitere Forschungen, dass man bei dem später erfolgten Hausbau einfach einige alte Balken wiederverwendet hatte.

In dem schlichten, behaglichen Inneren sehen Sie unter anderem einen Tisch mit Backmulde, die gesamte Ausrüstung eines Stuhlmachers sowie links im Kamin eine Senfmühle. Senf wurde in damaliger Zeit meist in großen Mengen verwendet, um den starken Geschmack monatelang eingelagerter Eier und Bohnen zu überdecken. Außerdem half er, etwa in der Fastenzeit, den Stockfisch und den Hering leichter zu verdauen. Die Bäuerin tat den Senfsamen in eine Holzschüssel, zusammen mit einer Kanonenkugel. Daraufhin bewegte sie die Schüssel zwischen den Knien hin und her, so dass die rollende Kugel die Samen zerquetschte. Mit der Senfmühle konnte sie viel mehr Senf herstellen,

als die Familie verbrauchte. Mit dem Überschuss gingen dann der Bauer oder die Kinder auf den Straßen hausieren, entweder zu Fuß oder mit dem Hundekarren.

Auch Maria Vandecasteele, die Witwe von Jules Mazereel und letzte Bewohnerin des Hauses, produzierte ihren Senf noch zwischen den Knien und strickte oder häkelte ihrer eigenen Aussage zufolge noch nebenbei. Sie hat mehr als fünfzig Jahre hier gewohnt. Auf ihrem Totenbildchen stand geschrieben: *»...Man hat viel von ihrem kleinen Haus gesprochen, und alle Leute der Umgebung sahen es zunehmend gern...bis es abgerissen wurde, um weit von hier schöner als zuvor wieder aufgebaut zu werden.«*

Zur Zeit des Abrisses waren die Dienstgebäude bereits von dem Grundstück verschwunden. In Bokrijk wurde der Hof deshalb durch eine aus der Mitte des 16. Jahrhunderts stammende Winterscheune aus Vinkem **2.2**, eine Rossmühle des Jahres 1861 aus Leisele **2.3** und ein Wagenhaus aus Beveren-aan-den-IJzer **2.4** ergänzt.

Besonders die Rossmühle bedarf einiger Erläuterungen. Das Wort sagt es bereits selbst: Ein Ross ist ein Pferd, die Mühle wurde also durch Pferdekraft betrieben. Das Pferd drehte eintönige Runden um eine Zentralachse und setzte so die gesamte Maschinerie in Gang. Rossmühlen standen gemeinhin in der Nähe von Windmühlen. Spielte der Wind nicht mit, dann musste das Pferd einspringen. Doch die Zeit der Pferde ist vorbei. Schon

Wohnhaus aus Oostvleteren

während des Ersten Weltkriegs ver-
schwanden die meisten Rossmühlen, teils weil die Deutschen die
meisten Pferde zu weniger friedlie-
benden Zwecken einforderten, teils
auch wegen des Aufkommens von
Diesel- und Elektromotoren.

Wohnhaus aus Loppem

Wagenschuppen aus Beveren-aan-den-IJzer

Wohnhaus aus Hoogstade

Das fast villenähnliche Bauern-
wohnhaus aus Hoogstade **3.1** war
Eigentum der Abtei von Eversam.
Das Gehöft lag an der IJzer, und der
Pächter verdiente sich ein Zubrot als
Fährmann. Zusammen mit vielen
anderen Gehöften der Gegend
wurde auch dieses damals noch aus
dem 16. Jahrhundert stammende
Haus zum Ende des 18. Jahrhunderts
von französischen Truppen dem

Erdboden gleichgemacht. Kurz darauf wurde es wieder aufgebaut, und
aus dieser Zeit datiert sein heutiges
vornehmes Aussehen. Auch im
Innern herrscht eine recht bürgerli-
che Atmosphäre. Eines der Prunk-
stücke ist die Standuhr, in der der
Bauer seinen Spazierstock unter-
brachte und an deren Tür er innen
die Daten aufzeichnete, an denen
seine Kühe und Schweine gedeckt

Rossmühle aus Lampernisse und Schwingstall aus Leisele

Rossmühle aus Lampernisse

worden waren, einschließlich der Namen der Tiere – in der Westhoek etwa *Wittemuile, Meulenaere, Ameloot, Miete* und *Janszoone.*

Die Scheune mit dem beeindruckenden pyramidenförmigen Strohdach **3.2** gehörte der früheren Abtei der westflämischen Kleinstadt Lo, was mit ebenso vielen Worten auch auf einem Pfosten neben der

Dreschtenne geschrieben steht: +1715. DESE MECK[E] BEHOORT [T]OE AEN DAB[DY] [V]AN LOO. Die Jahreszahl ist 1715, doch die Scheune ist möglicherweise älter. Das Wort MECKE kommt daher, dass derartige Scheunen auch *mikke* oder in Westflandern *mekke* genannt werden. Die Bauart weist eine bemerkenswerte Ähnlichkeit mit den Scheu-

Rossmühle aus Lampernisse und Scheune aus Lo

nen im niederländischen Friesland auf, doch angeblich soll es zwischen diesen keinen direkten Zusammenhang geben. Die quadratische Scheune ist gut vierzehn mal vierzehn Meter groß. In der kubusförmigen Mitte des gar nicht sehr komplizierten, jedoch sehr effizient konstruierten Gebäudes lagerte der Bauer seine Getreideernte.

In der Rossmühle wurde das Korn von einem Zugpferd gemahlen, wobei über eine Kupplung gleichzeitig auch das Butterfass mitbetrieben wurde (hier ein aus dem 19. Jahrhundert stammendes Exemplar aus Lampernisse **3.3**). Die Fuhrwerke übernachteten im Wagenhaus (hier eines aus Ardooie, anno 1743 **3.4**), und im sogenannten

Schwingstall (hier einer aus Leisele **3.5**) wurde der Flachs geschwungen, das heißt, der Knecht brach mit einem Schwinggestühl und später mit einer Schwingmühle die holzhaltigen Teile aus den Stengeln.

Landarbeiterwohnungen aus Meulebeke

Taubenturm aus Ingelmunster

Wenn Sie nun den westflämischen Streifen queren, kommen sie an einer weißgekalkten Marienkapelle des 18. Jahrhunderts aus Rollegem-Kapelle **10** vorbei und laufen sodann gegen einen Taubenturm aus Ingelmunster **4**, der 1634 auf dem Gelände des zum dortigen Schloss gehörenden Bauernguts erbaut wurde. Er ist nicht zu übersehen: Ein Taubenturm war ein Statussymbol, sowohl den Inhalt als auch die Architektur betreffend. Außen unterschieden sie sich von Gegend zu Gegend, doch im Innern halten sie sich an ein mehr oder weniger feststehendes Schema: Federvieh oder Schweine ebenerdig, das Futter im ersten Stock und ganz oben die Taubennester. Der Turm aus Ingelmunster war in der Spitze nur durch eine Leiter zugänglich, um das Stehlen von

Lagerscheune aus Zuienkerke

Taubenjungen und damit von
zukünftigen Postboten und Zier-
tauben zu verhindern.

In der Nähe steht eine Reihe einfacher, aneinandergebauter Arbei-
terwohnungen aus Meulebeke **6** in
der Mitte Westflanderns. In einen
der Trägerbalken des Dachbodens
hat ein vorausschauender Mensch
die Jahreszahl 1767 geschnitzt. Der
Besucher fällt wieder einmal mit der
Tür ins Haus – in die Küche also –,
doch das Schlafzimmer befindet sich
diesmal im hinteren Teil, während
in der Kammer neben der Küche
vielleicht der Webstuhl stand.

In der häufig umgebauten Vor-
rats- und Stallscheune aus den
Poldern um Brügge **7**, deren älteste
Erwähnungen bis ins Jahr 1333
zurückreichen, wähnt sich der
Besucher in einer ländlichen Kathedrale. Die Scheune gehörte zu dem
Gehöft namens *Schoeringe* in
Zuienkerke bei Brügge. Der Kern
besteht aus vier imposanten Dach-
konstruktionen mit doppelten Strebebalken, die dem Ganzen Festig-
keit verleihen. Die gesamte Dachge-
bilde ruht in Steinen, die ihrerseits
zwei Meter tief im Boden verankert
sind. Anders als in den Kempen, wo
der Druck zur Seite hin aufgefangen
wurde, ruht das enorme Gewicht
des Daches hier auf den Mittelpfei-
lern. Ein wahres Meisterwerk.

Doch wie immer und überall war
auch hier der Reichtum schlecht
verteilt, häufig in direkter Abhän-
gigkeit von dem Boden, auf dem
man lebte. In den kargen Sandbö-
den um Brügge hausten im Lauf der
Jahrhunderte unzählbar viele Klein-
bauern und Tagelöhner in einfachen
Fachwerkhäusern wie diesem aus
Loppem, anno 1735 **8.1**. Vielleicht
war dieses Haus sogar eine Doppelhaus und wurde erst später zu
einem Einzelwohnhaus zusammengelegt.
Scheune und Stall stammen von
demselben Anwesen. Nur das Bak-
khaus **8.2** ist ein wenig zu vornehm,
als dass es zur Familie gehört hätte.

Lagerscheune aus Zuienkerke

Wohnhaus aus Loppem

Für eine kurze Verschnaufpause begeben wir uns wieder in die Westhoek, genauer zum früheren Rathaus von Sint-Rijkers **9**, das auch schon im 19. Jahrhundert als Gasthaus diente. *In den Dolphin* (eine Verballhornung des französischen *dauphin,* Kronprinz) ist in dem charakteristischen gelben Backstein des Veurner Holzlandes gebaut und

innen nach bewährtem Muster eingeteilt: Zwei Zimmer und ein halb überirdischer Keller mit einer *opkamer* im Zwischengeschoss.

Neben der Taverne hat man in Bokrijk eine Bollerbahn angelegt. Das *Bolspel* (Rollspiel) war einmal das populärste Spiel in flämischen Schenken. Ein ländliches Wirtshaus ohne Bollerbahn war damals

Rathaus mit Wirtschaftsgebäuden *In den Dolphin* aus Sint-Rijkers

ähnlich deprimierend wie eine Kneipe ohne Bier. Das Spiel sieht einfacher aus als es ist. Die Spieler versuchen nämlich – und das macht die Schwierigkeit –, eine an einem Ende schwerere Scheibe möglichst nahe an den *stek* (sagen wir: das Ziel) heranzurollen. Noch heute wird an Sonn- und Feiertagen in Flandern jede Menge gerollt.

Wie der Wanderer inzwischen weiß, herrscht an versteinerter Marienverehrung in Bokrijk kein Mangel. Die Kapelle aus Kortemark **11** war der trostreichen Muttergottes geweiht. All diese Frömmigkeit am Wegesrand mag uns etwas viel des Guten erscheinen, doch strenggenommen beherzigt Bokrijk hier seinen dokumentarischen Auftrag

ganz wirklichkeitsgetreu. Der Idealist, der zu beziffern wagt, wie viele Marienbildnisse einst in Kapellen an flämischen Straßen und Wegen standen, in Bäumen hingen oder Hausfassaden schmückten, muss erst noch geboren werden.

Kapelle aus Rollegem-Kapelle

Längsscheune aus Oorderen

Die Scheune **12**, die seit Mitte des 18. Jahrhunderts zum *Berghof* von Oorderen gehörte, ist mit ihren 32,3 x 19,5 Metern Grundfläche und gut dreizehn Metern Höhe die größte aller älteren Scheunen aus dem Antwerpener Polderland. In Bokrijk bietet der Koloss einer sehr interessanten und bunten Sammlung von alten Fuhrzeugen eine Bleibe: Handkarren, Hundekarren, Zweiräder, Baumschlitten, Jauchewagen, allerlei Vierräder, Kutschen, Zweipersonenchaisen (vom französischen *chaise,* Stuhl), selbst ein Leichenwagen gehört zum Sortiment. Ein ausgezeichnetes Beruhigungsmittel, falls Sie demnächst wieder die Autobahn ansteuern.

Rechtwinklig zur Scheune steht ein typischer, aus dem 19. Jahrhundert stammender Polderstall für

Stall und Wagenschuppen aus Kallo

Tiere und Karren aus dem Schelde-
dorf Kallo, am linken Ufer von Antwerpen. Auch die beiden Deich-
häuser aus dem 19. Jahrhundert, die
ein Stück weiter zu sehen sind **13**,
kommen aus Kallo – beide mit ange-
bauter Scheuer, die eine aus Holz,
die andere aus Backstein. Im Wohnzimmer des ersten dieser kleinen
Häuser rasiert und frisiert ein Bar-
bier seine Kunden. Die Preisliste

hängt neben dem Spiegel. Daneben:
Rasiermesser, Schleifriemen,
Rasierbecken und Alaunstein –
übrigens noch immer ein ausge-
zeichnetes Mittel, blutende kleine
Rasierwunden zu stillen.

Das andere Deichhaus war eine
Arbeiterwohnung. Gegenwärtig
verlässt ein junges Paar ein Häuschen dieses Formats, sobald das
erste oder zweite Kind geboren ist,

Deichhaus aus Kallo

doch zu Anfang des vorigen Jahrhunderts lebten Ludovicus Lichtert und Maria de Vos hier mit dreizehn Kindern. Vielleicht schliefen die kleinsten nach alter Sitte quer und zu fünft im Bett, einige vielleicht auch in einer Kiste, ein paar größere Jungs auf dem Dachboden oder im Stall und einige Mädchen im Keller. An ein Verhütungsmittel durfte im katholischen Flandern damals nicht einmal gedacht werden, und von Kindergeld oder Studienbeihilfe war ebenfalls keine Rede. Die Folge: Ein einfacher Tagelöhner konnte nicht daran denken, seine Nachkömmlinge anständig auszubilden. Die Kinder von Ludovicus und Maria gingen nie zur Schule. Schon früh verdingten sie sich als Kuhhirte oder Magd bei Großbauern, wo sie Kost und Logis genossen.

Auch in der einzigen ostflämischen Bauernwohnung von Bokrijk **14.1** lebten die Menschen dicht zusammengedrängt. Um die Mitte des 19. Jahrhunderts zum Beispiel wohnten in diesem typisch Waasländischen Haus in Lokeren ein gewisser Jacobus de Vriendt, seine Schwester Coleta und deren Tochter Natalia mitsamt ihrem Ehemann und zwölf Kindern. Außer einigen baulichen Details (die Dachgaube etwa, die den Dachboden erhellt, und der von der Stube aus zugängliche Keller) fällt in diesem Haus insbesondere der Kamin ins Auge. Er stammt ursprünglich aus einem Haus in Elversele und zeigt in seinem Inneren einige biblische Szenen in einer wunderschönen Version aus blauen und sepiabraunen Delfter Kacheln.

Die große Scheune aus dem frühen 18. Jahrhundert **14.2** kommt ebenfalls aus Lokeren, das vielleicht später zu datierende Backhaus **14.3** aus dem nahegelegenen Waasmunster.

Die kleine Pfeilerkapelle aus dem ostflämischen Meerbeke **15** wurde 1895 an der Stelle erbaut, an der ein Flachshändler plötzlich tot umgefallen war. Dass dort IN HONOREM BEATAE MARIAE VIRGINIS oder zur Ehre der gebenedeiten Jungfrau Maria gebetet wurde, hat damit zu tun, dass man von der Gottesmutter erwartete, sie werde im Himmel ein gutes Wort für die Menschen einlegen, die ohne die Sterbesakramente – und damit ohne die Vergebung ihrer Sünden – das Zeitliche gesegnet hatten.

Seitenfront des Wohnhauses aus Lokeren

Querseitige Scheune aus Lokeren

Bokrijk wäre nicht Bokrijk, wenn wir uns am Ende unseres Rundgangs nicht plötzlich wieder in Limburg befänden. Doch das ist Zufall. Noch vor dem Ausbau des ostflämischen Teils nämlich hat man in diesem Bereich des Museums eine Kempener Schanze mit einem einfachen kleinen Wohnhaus aus Beverlo kopiert **16**.

Eine solche Schanze diente als Zufluchtsort in trüben Zeiten, als schlecht bezahlte Soldaten und andere bewaffnete Banden plündernd durch diese Gegend zogen. Im Haspengau konnte man in steinernen Gehöften und Burgen Schutz suchen, aber außer in umwallten Städtchen wie Bree und Hamont konnten die Kempener nirgendwohin. Deshalb wurde ihnen gestattet, sich in schwierig zugänglichen Gebieten Schanzen zu bauen. Rings um ein Stück Land (bis zur Größe eines Hektars) wurde zunächst ein Wassergraben ausgehoben und die ausgegrabene Erde anschließend zu einem verstärkten Wall aufgeschüttet. Manchmal versperrten auch eine Hängebrücke und ein Tor den Zugang. Rochen sie irgendwelchen Unrat, dann zogen sich die Dorfbewohner mitsamt den Tieren, etwas Mundvorrat sowie einigem Hausrat hierhin zurück. Und dann hieß es beten, dass kein geübter Heerhaufen, sondern eine Horde von Lumpenpack es auf sie abgesehen hatte.

In den Kempen gibt es bis heute Überbleibsel derartiger Schanzen. Die in Bokrijk ist eine Kopie der *Molenvener Schanze* in Haspershoven (Overpelt).

Wohnung aus Beverlo

EPILOG

Bei meiner Wanderung durch Bokrijk ist mir etwas Eigentümliches widerfahren. Dass ich in meiner Phantasie in vielen Häusern Menschen wohnen, essen, arbeiten und schlafen sah, ist normal. Aber das Sonderbare war, dass ich in all den alten Häusern fast automatisch vor allem alte Menschen sah.

Auch Ihnen könnte es unwillkürlich so gehen.

Deshalb noch diese Information:

Bei der Wende zum 21. Jahrhundert betrug die durchschnittliche Lebenserwartung in Flandern für Männer 74,6 Jahre und für Frauen 80,6 Jahre.

Infolge der verschiedensten Umstände (hohe Kindersterblichkeit, unzureichende medizinische Versorgung, Epidemien usw.) lag die mittlere Lebenserwartung in Flandern zur Mitte des 17. Jahrhunderts bei 25 Jahren. Zum Ende des 18. Jahrhunderts erreichten die Menschen in Flandern ein Alter von 30 Jahren. Um 1850 hatte man von den Limburger Kempen bis zur Westhoek eine mittlere Lebenserwartung von 36 Jahren, um 1900 war diese auf 45 Jahre angestiegen.

Was ich damit sagen wollte: Wenn Sie durch Bokrijk wandern, werden Sie in den Häusern wenig alte Menschen begegnen.

Sägegrube

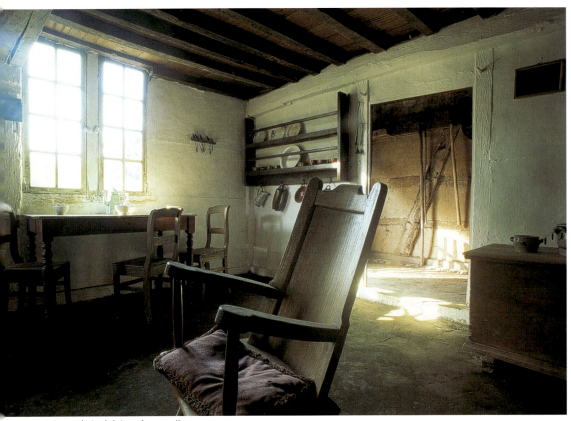

Inneres der Landarbeiterwohnung aus Kortessem

Weiterführende Literatur

M. Boone, H. Gaus, P. Scholliers und C. Vandenbroeke, *Dagelijks leven. Sociaal-culturele omstandigheden vroeger en nu.* In: Culturele geschiedenis van Vlaanderen 10, Deurne-Ommen, 1982.

Bruggeman, Contant, Denewet et. al., *Travailler au moulin/Werken met molens,* Ausgabe von aram Nord/Pas-de-Calais & Werkgroep West-Vlaamse Molens vzw, 1996.

E. De Vroede, *Het grote volkssporten boek,* Löwen, 1996.

E. De Vroede und B. Eelbode, *Spele weerom: kinderspel van alle tijden,* Kapellen, 1986.

Kinderen van alle tijden. Kindercultuur in de Nederlanden vanaf de Middeleeuwen tot heden. 's Hertogenbosch: Noordbrabants Museum. Ausstellungskatalog, 28. März – 6. Juli 1997.

M. Laenen, *Provinciaal Openluchtmuseum Bokrijk,* Brüssel-Bokrijk, 1982.

M. Laenen, *Openluchtmuseum Bokrijk* In: Cultura Nostra. Musea in België, Brüssel-Tielt, 1986.

M. Laenen, *Openluchtmusea, verleden, heden en toekomst,* o.O und o.J.

P. Lindemans, *Geschiedenis van de landbouw,* Antwerpen: Het Genootschap voor Geschiedenis en Volkskunde, 1974.

G. Tack, P. Van den Brempt, M. Hermy, *Bossen in Vlaanderen. Een historische ecologie,* Davidsfonds, Löwen, 1993.

Clemens V. Trefois, *Van vakwerkbouw tot baksteenbouw,* Sint-Niklaas, 1979.

G. Vandenbosch, *Hemel, hel en vagevuur. Preken over het hiernamaals in de Zuidelijke Nederlanden tijdens de 17de en 18de eeuw,* Löwen, 1991.

G. Van den Brinck, *De grote overgang. Woensel 1670–1920. Een lokaal onderzoek naar de modernisering van het bestaan,* Nimwegen, 1996.

J. Van Haver, *Voor U beminde gelovigen. Het rijke roomse Leven in Vlaanderen 1920–1950,* Tielt, 1995.

Robertson A. Una, *The Illustrated History of the Housewife 1650–1950.* Gloucestershire, 1997.

J. Weyns, *Omstandige gids van het Openluchtmuseum te Bokrijk,* 1967.

J. Weyns, *Volkshuisraad in Vlaanderen. Naam, vorm, geschiedenis, gebruik en volkskundig belang der huishoudelijke voorwerpen in het Vlaamse Land van de Middeleeuwen tot de Eerste Wereldoorlog,* Beerzel, 1974.

Zeitschriften

Biekorf: Westvlaams archief voor Geschiedenis, archeologie, taal- en volkskunde, Brügge 1890 –

Continuity and Change. A Journal of Social Structure, Law and Demography in Past Societies, New Orleans, Louisiana, 70118-5670.

Eigen Schoon en de Brabander: Driemaandelijks tijdschrift van het Koninklijk Geschied- en Oudheidkundig Genootschap van Vlaams-Brabant, Brüssel, 1948–

Historische Anthropologie. Kultur – Gesellschaft – Alltag, herausgegeben von Ute Luig, Edith Saueder und Rolf Lindner, Köln 1993–

Ons Heem: mededelingen van het Verbond voor Heemkunde, Heist-op-den-Berg, Verbond voor Heemkunde, 1947–

Oost-Vlaamse Zanten: tijdschrift voor volkscultuur in Vlaanderen, Gent, Koninklijke Bond der Oostvlaamse Volkskundigen, 1926–

Taxandria: jaarboek van de Koninklijke geschied- en oudheidkundige kring van de Antwerpse Kempen, Turnhout 1939–

© 2001 Ludion Gent-Amsterdam und Laurens De Keyzer
© Michiel Hendryckx
Übersetzung: Rolf Erdorf, Hamburg
Layout: Antoon De Vylder, Herentals
Satz: De Diamant Pers, Herentals
Fotogravüre und Druck: Die Keure, Brügge
D/2001/6328/26
ISBN: 90-5544-336-0